Robert Schumann, Josef Schrattenholz

Robert Schumann als Schriftsteller

Sprüche aus seiner Schriften über Musik und Musiker

Robert Schumann, Josef Schrattenholz

Robert Schumann als Schriftsteller
Sprüche aus seiner Schriften über Musik und Musiker

ISBN/EAN: 9783743457843

Hergestellt in Europa, USA, Kanada, Australien, Japan

Cover: Foto ©Thomas Meinert / pixelio.de

Manufactured and distributed by brebook publishing software (www.brebook.com)

Robert Schumann, Josef Schrattenholz

Robert Schumann als Schriftsteller

Robert Schumann
als Schriftsteller.

Sprüche aus seinen Schriften über Musik und Musiker

gesammelt

und mit einer Vorrede versehen

von

Josef Schrattenholz.

Ein gutes Wort ist eine gute That.

Zweite Auflage.
(Nebst Porträt und Autograph von Robert Schumann.)

Leipzig,

Druck und Verlag von Breitkopf und Härtel.

1880.

Frau Clara Schumann,

der „ersten deutschen Künstlerin",

als ein Zeichen

innigster Verehrung und Hochachtung

zugeeignet.

Inhalt.

 | |Seite
---|---|---
|Vorrede . . . . |1
I.|Musik . . . . |13
II.|Musiker . . . . |27
III.|Den Lehrern . . . . |47
IV.|Publikum und Dilettantismus . . . . |53
V.|Kritik . . . . |59
VI.|Den Kritikern . . . . |67
VII.|Jungen Künstlern empfohlen . . . . |73

Das Genie ist wie Dornröschen im Märchen. Durch die bitter schmerzenden Spindelstiche der Intoleranz und Erkenntnislosigkeit bis aufs Blut verletzt, wird es für seine Mitwelt meist zu geistigem Latentsein verurtheilt. Lange Monde und Jahre liegt es träumend hinter den hohen Dornenhecken, womit die zauberstarken Hände des Vorurtheils es von der breiten, prächtigen Lebensbühne abgesperrt halten und manchmal ersteht erst späten Generationen der vorwärtsstrebende, aufopferungsfähige Erkenntnismuth, der, ein tapferer, stolzer Prinz, mit scharfem Schwerte sich durch die garstigen Dornenhecken einen Weg bahnt, mit liebendem Kusse den bösen Zauberbann bricht, und das verkannte Verbannte, in seiner ganzen Schöne enthüllt, vor den Augen der staunenden Menge heimführt als bestes Eigen.

Neuen Kunstrichtungen wie neuen Gedankensystemen gegenüber wird sich das menschliche Erkenntnisvermögen immer entweder abwehrend oder indifferent verhalten, denn es mangelt ihm die Kraft, die innerste Bedeutung und Schönheit derselben gleich bei ihrem ersten Auftauchen zu fassen. Wie jede intellectuelle und physische Fähigkeit bedarf auch jene zu ihrer ungebundenen, vollkommenen

Bethätigung der alles entwickelnden und reifenden Zeit. Mancherlei äußere Motive, worunter die dem Menschen anhaftende Sucht des Festhaltens an dem einmal erworbenen alten Besitz keines der schwächsten, wirken noch dazu mit, ein liebevolles objektives Eingehen auf das Neue zu erschweren, und so ist es denn gekommen, daß im Lauf der Jahre die, von allen Nichtgenies natürlich sofort freudig acceptirte, absurde Meinung heranwachsen konnte, eines der wesentlichsten, untrüglichsten Attribute des wahrhaft großen Mannes sei das Verkanntwerden seitens seiner Mitbürger, ein Verkanntsein, das sich bei näherer Betrachtung aber immer als ein Nichterkanntsein oder Unbekanntsein ausweist.

Bei wenigen Schöpfern und Reformatoren unserer deutschen Kunst taucht die Wahrheit dieser Sätze in so überzeugender Schärfe vor dem forschenden Auge empor, wie bei Robert Schumann, diesem herrschergewaltigen Idealfürsten des herrlichen Tonreichs. Ältere Musikfreunde wissen sich unzweifelhaft noch genau zu erinnern, wie klein das Häuflein war, das sich zusammenscharte, als der Genius des Meisters zuerst seine Fahne entrollte. Die Zopfmusiker schrieen Ach und Wehe über „die neue verderbliche Richtung", die Fachkritiker verhielten sich, wo nicht feindselig, ablehnend, im besten Falle neutral, und das große Publikum besaß leider, wie immer, zu wenig Gelegenheit und Lust, sich durch eigene Erfahrung ein Urtheil zu bilden, als daß sein Interesse über die erregte neugierige Spannung auf die Lösung des entbrannten Kunsthaders hätte hinauskommen können. Heute noch, wo man statt von einer „verderblichen" mit Stolz von einer „Schumann'schen Richtung" spricht und die Gemeinde der Schumannianer zu einer imposanten, über den ganzen Erdball vertheilten Schar von Gläubigen angewachsen ist, heute noch, in unserer toleranten Wagnerperiode, finden wir Dilettanten und Fachleute genug, die bei dem Namen jenes Meisters gerne ein Kreuz schlagen möchten und in verblendeter Selbstgenügsamkeit ein überhebungsstolzes: „Herr, ich danke dir, daß ich nicht bin wie dieser Einer!" vor sich hinmurmeln. Gottlob vermögen jene Musikpharisäer nicht, den mit elementarer Gewalt vorwärts dringenden Eroberungsgeist der Schumann'schen Muse zu bannen und ist der Tag nicht mehr fern, wo die Tondichtungen dieses genialen Mannes eine ebensolche, im höheren Sinne sich manifestirende Popularität genießen werden, wie die Werke der besten seiner Vorgänger.

Nicht ganz so hell und labend beleuchten die Sterne eine andere Seite der productiven Thätigkeit Schumann's: die schriftstellerische, musikkritische. Daß dieselbe keine unbedeutende war, kann man von Jedem hören, der sich überhaupt mit Musik eingehend befaßt hat; um aber zu erfahren, welcher Art sie war, muß man selbst unter den Berufsmusikern häufig vergebens umherwandeln. Und doch zieht die schriftstellerische Production in innigstem Verein mit der musikalischen sich durch das ganze Leben unseres Tondichters, sie ruft sogar theilweise die letztere erst hervor, kurz, die eine ist ohne die andere gar nicht vollkommen zu verstehen und zu genießen.

Schon in den ersten Lebensjahren sehen wir bei Schumann neben der musikalischen Begabung auch eine litterarische sich äußern. Der leichtempfängliche, phantasiereiche Sinn des Knaben saugt aus den Bücherschätzen, die ihm im elterlichen Hause zu Gebote stehen[1]), begierig Nahrung, und kaum vierzehn Sommer zählend, tritt er bereits mit schriftstellerischen Arbeiten[2]), wenn auch untergeordneter Natur, in die Öffentlichkeit. Mit den in jene Zeit fallenden ersten Versuchen selbstschöpferischer, musikalischer Thätigkeit geht die poetische Hand in Hand. Der Knabe schrieb Räuberkomödieen, die er mit Hülfe seiner Spielkameradschaft auf einer eigens dazu erbauten

---

[1]) R. Schumann's Vater, Fr. Aug. Gottlob Schumann, Begründer der ehedem wohlbekannten Verlagsbuchhandlung der Gebrüder Schumann in Zwickau, war selbst ein wissenschaftlich gebildeter, litterarisch vielseitig thätiger Mann, und trug sich in seinen Jünglingsjahren sogar lange mit dem Entschlusse, ganz der poetischen Production zu leben.

[2]) Sie befanden sich in dem von seinem Vater herausgegebenen Sammelwerke: "Gallerie berühmter Zeitgenossen in Portraits mit beigefügtem Text."

Bühne zur Aufführung brachte, und daß dieselben große Talentfunken verriethen, beweist schon die thätige Theilnahme, welche der ernste, feingebildete Vater ihren Aufführungen schenkte. Zwei aus den Gymnasialjahren stammende Hochzeitscarmina des jungen Schaffensfrohen, die Wasielewski[1]) uns mittheilt, strömen den Hauch echter Poesie aus und verrathen eine poetische Formengewandtheit, welche nur durch lang anhaltende Übung erreicht werden kann. Auch während seiner Universitätsstudien war Schumann poetisch thätig und namentlich ist es die schon im frühesten Alter geschlossene Bekanntschaft mit den Werken Jean Paul's, welche in dieser Periode eifrig fortgesponnen und vertieft wird. Die innige Verwandtschaft zwischen dem Charakter dieses größten unserer humoristischen Dichter und der Individualität unseres Meisters ist ganz auffallend und tritt in Schumann's späteren Schriften und Compositionen aufs prägnanteste hervor. Bis an sein Ende hielt er den Wunsiedeler Poeten hoch in Ehren, und wenn auch das gereiftere Mannesalter die überirdisch blendende, mit schwärmerischer Jünglingsphantasie um das Haupt des Dichters gewobene Strahlenglorie etwas dämpfen mochte und unser Tonherrscher sich für alles Schöne und Große in der Poesie gleichmäßiger interessiren lernte — seinem Herzen blieb Jean Paul immer am nächsten.

Die eigentliche kritische Thätigkeit Schumann's umfaßt etwas über zehn Jahre (Anfang 1834 bis Mitte 1844) und läßt sich in den betreffenden Jahrgängen der von ihm gegründeten Neuen Zeitschrift für Musik, die noch gegenwärtig zu den achtbarsten Musikzeitungen zählt, in ihrem inneren und äußeren Zusammenhang aufs

---

[1]) J. W. von Wasielewski: Robert Schumann. Eine Biographie. Dresden. Kuntze, pag. 267. Das aus derselben Zeit stammende Gedicht: „Tasse's Tod", das der Abiturient bei seiner Prüfung declamirte und welches W. ebenfalls erwähnt, existirt wahrscheinlich gar nicht mehr und habe ich Grund zu der Annahme, daß Schumann selbst ihm wenig Werth zuerkannte. Wenigstens hat er seiner Gemahlin gegenüber die Existenz desselben nicht erwähnt.

genaueste verfolgen. Nur wenige Freunde waren es, welche im Anfang dem Meister bei seinem edlen Vorhaben, der handwerksmäßigen Phraseologie und dem engbegrenzten Gefühlscoder der damaligen musikalischen Kritik den Boden zu entziehen, hilfreich zur Seite standen: Ludwig Schunke, Julius Knorr und Friedrich Wieck. Trotzdem verließ die Zeitschrift am 3. April 1834 in Leipzig in bedeutender Auflage die Presse. Alea jacta est! rief der jugendliche Reformator mit dem römischen Feldherrn und wartete in fester Entschlossenheit die Wirkung seines Schrittes ab. Sein so kühn documentirter Bekenntnismuth und sein frommgläubiges Selbstvertrauen sollten nicht ohne Belohnung bleiben. Verwundert schaute das Publikum auf, als ihm so unvermuthet statt der gewöhnten „kritischen Honigpinselei" die begeisterungflammenden Prophetenworte eines tiefpoetischen, idealen Künstlergeistes ins Ohr schallten. Die Meisten zuckten zwar die Achseln über den sonderbaren Schwärmer und gingen theilnahmlos an ihm vorüber. Einsichtigere aber fühlten in dem neuen Unternehmen bald den Pulsschlag einer anderen, besseren Zeit heraus und ließen sich freudig von ihm erwärmen. An vielen Orten fand die Zeitschrift offene Thüren und Herzen und ihre Existenzfähigkeit — welche allerdings nur wenig zu ihrer Entwickelung bedurfte — war schon einige Monate nach ihrem ersten Erscheinen gesichert. Mit der Größe ihres Leserkreises wuchs natürlich auch die Zahl ihrer Mitarbeiter, doch wie viel Treffliches die später hinzutretenden Apostel der neuen Lehre, die Banck, Keferstein, Töpken, Kahlert, Krüger, Becker, Fischhof, Nicolai, Koßmaly und Simon auch leisteten — die eigentlich belebende, gesetzgeberische Kraft ging nur von dem großen Stifter aus.

Ziel und Gesinnung des neuen Blattes waren von vorne herein festgestellt und Schumann besaß keine Natur, damit lange hinter dem Berge zu halten. Es galt, „an die alte Zeit und ihre Werke mit allem Nachdruck zu erinnern, darauf aufmerksam zu machen, wie nur an so reiner Quelle neue Kunstschönheiten gekräftigt werden können". Es galt „die letzte Vergangenheit, die auf Steigerung äußerlicher Virtuosität ausging, als eine unkünstlerische zu bekämpfen", es galt sodann „eine neue poetische Zeit vorzubereiten, beschleunigen zu helfen", kurz, es galt „die Erhebung deutschen Sinnes durch deutsche Kunst!" Und mit welch' einer Tapferkeit und heiligen Glaubenstreue zieht der Meister unter diesem Losungswort ins Feld!

Die Mitwirkung der zunfteitlen inländischen Schriftgelehrten in gerechtem Stolze perhorrescirend, stellt sich seine Kritik der Productivität kühn und freimüthig entgegen. „Thörichten, Eingebildeten schlägt sie die Waffe aus der Hand; Willige schont sie, bildet sie; Muthigen tritt sie rüstig freundlich gegenüber; vor Starken senkt sie die Degenspitze, salutirt sie." Diametral entgegen der verzopften Manier der damaligen Tageskritikaster, welche das Kunstwerk nur in so fern gelten ließen, als es sich ihren von vermoderten Principienspinngeweben umnebelten Sinnen näherte, und deren vielgepriesene Objectivität sehr stark dem Beginnen jenes Mannes ähnelte, der sich bemühte, durch die Fenster eines erhellten Zimmers die Nacht der draußen stehenden Gegenstände zu erforschen, unbeirrt auch von dem wissenschaftlich-lächelnden Formelkram einzelner wohlrenommirter kritischer Celebritäten, beurtheilt Schumann das Kunstwerk allein aus sich heraus. Voll und rein läßt er es auf seine vorurtheilslose, die zartesten Tonmysterien wiederklingende Seele wirken, verhilft dem gewonnenen musikalischen Bilde durch eine den Schönheiten des Originals möglichst nahekommende poetische Darstellungsweise zum entsprechenden gedanklichen Ausdruck, und giebt so in jeder seiner Kritiken gleichsam eine wörtliche Photographie von dem inneren Gehalt der beurtheilten Composition. Er hatte früh schon erkannt, daß, wie der Werth eines Gedichtes nicht durch mathematische Formeln, auch der Werth eines Tonstücks sich nicht durch trockene theoretische Analysen beweisen und vermitteln lasse und gerade er, dessen originelle, tief und vielseitig angelegte musikalische Individualität schon durch sich selbst auch nach der kritischen Seite hin zur Sprengung des alten Formalismus und freier Äußerung ihres Ichs hindrängte, gerade er war am befähigtsten, jene Erkenntnis auch in das Bewußtsein der Kunstwelt fest zu pflanzen.

Das Richtige der neuen Methode lag nahe. Spricht der Kritiker von einem Gemälde, so beschränkt er sich nicht etwa auf Registrirung der Figuren, Andeutung der Konturen und des Kolorits; er sucht dem Dilettanten auch den Zusammmenhang des Bildes und die Idee klar zu machen, welche der Maler in ihm personificiren wollte, und er thut dies immer in einer den empfangenen poetischen Eindruck übertragenden Form. Ähnlich verfährt er bei den Werken der Skulptur und Poesie; warum sollte also nur die Musik, die zarteste, körperloseste der Künste, eine Ausnahme von dieser Regel machen und als Aschenbrödel unter ihren Geschwistern behandelt werden? —

In den ersten Jahren seiner musiklitterarischen Wirksamkeit gab Schumann sich seiner hohen Aufgabe mit ganzer Kraft hin. Später ließ seine Theilnahme an der Zeitschrift, durch verschiedene Umstände, hauptsächlich aber durch die Unmöglichkeit veranlaßt, das kritische Schaffen ohne Beeinträchtigung des musikalischen fortzusetzen, in quantitativer Beziehung nach, bis er Ende Juni 1844 ganz von der Redaktion zurücktrat. Die Früchte seiner langen Arbeitszeit machte er kurz vor seiner Erkrankung noch in zwei stattlichen Bänden unter dem Titel „Gesammelte Schriften über Musik und Musiker"[1]) dem großen Publikum zugänglich, ein letztes geistiges Vermächtnis für die Nation, in der allein die Wurzeln seiner Kraft ruhten und für die er in rührend-treuer Liebe wirkte, bis die geniale Meisterhand schlaff zur Erde sank. Die einzelnen Artikel sind in den Schriften chronologisch geordnet. Man durchwandert bei ihrer

---

[1]) R. Schumann: Gesammelte Schriften über Musik und Musiker. Leipzig, G. Wigand. Preis geb. 11 ℳ, brosch. 9 ℳ.

Lektüre sowohl den ganzen kritischen Entwickelungsgang des Meisters als auch die damaligen Musikzustände überhaupt, eine der interessantesten Epochen, welche die deutsche Kunst aufzuweisen hat.

Mit der vollen, bestrickenden Gewalt seiner reich begnadeten Natur setzt der muthige Reformator schon gleich in den ersten Aufsätzen für die gute Sache seine Feder an. Er macht keinen Anspruch auf Infallibilität, noch weniger stellt er in peremtorischem Tone auf unhaltbare Prämissen gegründete, trockene Glaubensartikel auf; er will keine blinde Gläubige sondern Wissende, und darum legt er die Gründe seines Urtheils klar und sucht durch diese zu überzeugen. Und wie schön gelingt ihm Das! Wie lieblich weiß er die Aufmerksamkeit des Lesers mit duftenden poetischen Blumenketten an den behandelten Gegenstand fest zu binden, in wie eindringlichem Tone prägt er den gewonnenen richtigen Schluß dem Gedächtnis ein! Ein zweiter Moses schlägt er mit seinem Zauberstabe an den Felsen — und wäre es auch das unbedeutendste, spröbeste Thema, ihm fließt ein herrlicher Lebensquell daraus. An die alltäglichsten, von gewöhnlichen Menschenaugen ganz übersehenen künstlerischen Nebenerscheinungen knüpft er eine Fülle der lehrreichsten, geistvollsten Meditationen, selbst dem Überirdischen gewinnt er eine menschliche Seite ab und rückt es uns dadurch näher. Wo er auf Triviales oder Erkünsteltes stößt, ist sein so zart besaitetes Gemüth hart und unerbittlich. Mit zürnenden Händen zerschmettert er das goldene Kalb des Modegötzenthums, vor dem so Viele sich neigten, und es ist ergötzlich zu sehen, in wie komischer Deroute die Czerny, Herz, Hünten, Thalberg, Döhler und Consorten vor den ironischen Brandraketen und niederschmetternden Schwertstreichen des kühnen Neuerers Fersengeld geben müssen. Wo aber ein einsamer, vom Weihekuß des Genius geadelter Schöpfergeist wandelt, wandele er auch auf den verstecktesten Pfaden, unser Schriftsteller zieht ihn ans Licht. Dann scheint seine Stimme ihre Kraft zu verdoppeln, die kleinen Buchstabenkobolde verschießen elektrisirende Begeisterungsblitze, die bedächtige Reflexion schwingt sich im Sternenkleide der Phantasie zur lichten Höhe empor, die Kritik wird zum Dithyrambus, zum Gedicht. „Mensch und Musiker suchten sich immer gleichzeitig bei mir auszusprechen", schreibt er einmal an einen seiner Freunde. Wir bedurften dieses Geständnisses gar nicht; wir lesen es ebenso deutlich in den „Schriften". Ja, wir lesen noch mehr aus ihnen, denn sie predigen uns mit wunderbaren Feuerzungen, daß Schumann nicht nur ein großer Künstler, daß er auch ein großer Mensch war. Das, woran tausend Andere — selbst die Begabtesten nicht ausgenommen — in dumpfer Gleichgültigkeit, neidischem Egoismus oder mit einem vertröstenden: „Das Gute bricht sich schon von selber Bahn!" vorübergeschritten sein würden: die selbstsuchtlose, werkthätige Theilnahme am verborgenen, edlen Streben, die Ruhmesbegründung und Verständnißerweiterung der großen Kunstgenossen, dafür macht unser Meister mit freudestrahlendem Antlitz die eifrigste Propaganda. Er bangt nicht feige für eine Schmälerung des eigenen Verdienstes; das Gefühl der inneren großen Kraft konnte ihn einer derartigen Besorgnis wohl entheben. Er erwartet kein Heil vom Einzelnen allein; ihm arbeiten Alle gemeinsam am prachtvollen Tempelbau der geliebten deutschen Musik. Hoch steht ihm der Künstler, höher die Kunst. Und so führt er mit lobtönenden Worten den genialen Revolutionär Chopin bei uns ein, forscht in Wien nach den hinterlassenen Schätzen des Liederkönigs Schubert und hält den enragirten Meyerbeerianern unabläßig den „göttergleichen" Mendelssohn entgegen, an dem er hinaufblickt „wie zu einem hohen Gebirge". Moscheles, Hiller, Moritz Hauptmann, W. Taubert, C. Löwe, Verhulst, E. Frank, Gade, Franz, N. Burgmüller, St. Heller, Sterndale Bennett, Henselt, Johannes Brahms — für jeden Einzelnen von ihnen tritt er warm in die Schranken. Jeder von ihnen ist ihm Dank schuldig, denn gleich vielen Anderen wies er auch Diesen mit divinatorischem Blicke die rechten Wege zu ihrer Entwickelung und brach für die Anerkennung ihrer Meistertugenden manche Lanze. „Ohne Aufmunterung keine Kunst", sagte er einmal. „Auf den beliebten einsamen Inseln in einem stillen Ozean würden ein Mozart, ein Raphael Landbauern geblieben sein." Man könnte ein Buch damit füllen, wenn man von den großartigen Verdiensten des Meisters als musikalischer Schriftsteller eine eingehende Schilderung liefern wollte. Bewundernd neigen wir uns vor der sittlichen Größe, Tiefe und Sonnenklarheit seines Genius und vor der immensen Schaffenskraft, die er auch auf diesem Felde offenbarte. Manche haben gelebt, die eben so lange als begeisterte Schildträger im Dienste der Kunst standen; Wenige können auf solche Resultate ihrer Arbeit zurückblicken. Manche haben dem Wesen der Musik ebenso tief auf den Grund geschaut; Wenige das Geschaute mit so reinem Herzen verschenkt; Niemand aber hat es in so rührend-schöner, unvergänglicher Gestalt der Nachwelt überliefert, als der Schriftsteller Robert Schumann.

Wenn ich auf den folgenden Blättern den Versuch gewagt habe, dem Leser durch eine Auswahl hervorragender Aussprüche eine unvollkommene Vorstellung von der Bedeutung unseres Meisters als Kunstschriftsteller zu geben, so geschah dies nicht etwa aus einer besonderen Vorliebe für die modernen „Blüthen", „Blumenlesen", „Lichtstrahlen", und wie die Geistnippes alle heißen, welche heutzutage in goldverbrämten, bunten Röckchen in den Boudoirs der ästhetisirenden Damenwelt zu finden sind. Ein höchst prosaischer Grund trägt die Schuld daran. Wie ich nämlich von dem Verleger der Schumann'schen Schriften erfuhr, haben dieselben in einem Zwischenraume von achtzehn Jahren nur drei Auflagen erlebt, von denen die erste 1000, die zweite 1250 Exemplare stark war. Man kann also mit mathematischer Genauigkeit die Folgerung ziehen, daß dieses Werk, eine der bedeutendsten Erscheinungen, welche wir in der vaterländischen Musiklitteratur überhaupt besitzen, ein Werk, das ebenso werthvoll für die Vervollständigung des Urtheils über Schumann als Tondichter, Kritiker und Mensch, wie für die Ästetik der Musik überhaupt ist und welches als Haud- und Hauspostille auf dem Tische jedes tüchtigen Musikers und Dilettanten zu finden sein sollte, daß dieses Werk bis auf den heutigen Tag in unseren großen, musikalischen Culturstaaten von etwa 2500 Personen als Eigenthum besessen wird, wahrlich ein litterarhistorisches Curiosum, vor dem ein Jeder, der es ernst mit der Kunst meint, zurückschrecken dürfte. Jeder Commentar dazu ist überflüssig und findet der Vandalismus, dessen ich mich schuldig machte, als ich aus dem sein geästeten Laubwerk der Schumann'schen Prosa die goldigsten Geistesfrüchte abbrach und es so seines schönsten Schmuckes beraubte, wohl durch das Verlangen nach Abhülfe jener traurigen Thatsache genügende Entschuldigung.

Die getroffene Classificirung und Aneinanderreihung der Sprüche macht eben so wenig Anspruch auf chronologische Ordnung, als die Sammlung an sich den Reichthum des in den „Schriften" ruhenden Nibelungenschatzes der Kunstweisheit erschöpft. Die prächtigen „musikalischen Haus- und Lebensregeln" z. B. sowie die Urtheile über noch lebende Tonkünstler habe ich ganz unberücksichtigt gelassen. Eine chronologische Reihenfolge konnte ich schon um deswillen nicht befolgen, weil ich mich befleißigen zu müssen glaubte, die einzelnen Sätze unter sich in möglichst logischen Connex zu bringen. Tadelnswerther mag es scheinen, daß einige Sentenzen, deren wahre Bedeutung erst aus dem Original klar wird und denen in der vorliegenden Aufeinanderfolge etwas Unvermitteltes und Mysteriöses anhaftet, nicht gestrichen worden sind. Aber abgesehen davon, daß solche Sentenzen nur sehr vereinzelt vorkommen, wolle der Leser nicht vergessen, daß es mir weniger darum ging, eine vollständige Sammlung der bedeutsamsten, an sich gültigen und leicht verständlichen Aussprüche des berühmten Meisters zu veranstalten, als durch die Sammlung zum Nachdenken zu reizen und in dem Uneingeweihten die Sehnsucht nach der Kenntnis des Originals zu wecken. Die Schönheit der reifen Frucht ist ja recht immer erst zu genießen inmitten des duftenden Blättergrundes und malerischen Gezweiges, zwischen dem sie groß wuchs.

Der Erfüllung der Hoffnung, daß die vorliegende Sammlung Manchem Veranlassung geben möge, sich diesen erfrischenden Genuß zu erwerben, glaube ich gewiß sein zu dürfen. Denn wo wäre der Mensch, der in seinem Suchen nach Schönheit und Wahrheit ein ungekanntes, treffliches Bildungsmittel theilnahmlos ablehnen könnte, und wodurch feierten wir das Gedächtnis unserer großen Geister schöner und ehrender, als durch das unausgesetzte, eifrige Streben, sie in ihrer ganzen Größe erkennen zu lernen?

Bonn, im Frühjahr 1880.

Josef Schrattenholz.

I.

Musik.

ufik ist der Ausfluß eines schönen Gemüths, unbekümmert, ob es im Angesicht von Hunderten, ob es für sich im Stillen fluthet.

Die Musik ist die am spätesten ausgebildete Kunst; ihre Anfänge waren die einfachen Zustände der Freude und des Schmerzes (Dur und Moll), ja der weniger Gebildete denkt sich kaum, daß es speciellere Leidenschaften geben kann, daher ihm das Verständnis aller individuelleren Meister Beethoven's, Fr. Schubert's so schwer wird. Durch tieferes Eindringen in die Geheimnisse der Harmonie hat man die feineren Schattirungen der Empfindung auszudrücken erlangt.

Lachen muß ich über die, die da ewig von Unschuld und absoluter Schönheit der Musik an sich reden. — Am meisten jedoch zuckt es mir in den Fingerspitzen, wenn Einige behaupten, Beethoven habe sich in seinen Symphonien stets den größten Sentiments hingegeben, den höchsten Gedanken über Gott, Unsterblichkeit und Sternenlauf, während der genialische Mensch allerdings mit der Blüthenkrone nach dem Himmel zeigt, die Wurzeln jedoch in seiner geliebten Erde ausbreitet.

Mehr als in den Werken der bildenden Künste ist in der Musik alles der Zusammenhang, das Ganze — im Kleinen wie im Großen, im einzelnen Kunstwerk wie in einem ganzen Künstlerleben. Man hört oft — so falsch und unmöglich es ist — Mozart hätte den einzigen Don Juan zu schreiben brauchen, und er wäre der große Mozart. Allerdings bliebe er der Componist des Don Juan, wäre aber noch lange kein Mozart.

Musik redet die allgemeinste Sprache, durch welche die Seele frei, unbestimmt angeregt wird; aber sie fühlt sich in ihrer Heimath.

Wo sie ins Übersinnliche, in das Geisterreich hinüberspielt, übt die Musik ihre volle Gewalt.

Die Theorie ist der treue, aber leblose Spiegel, der die Wahrheit stumm zurückwirft, aber ohne belebendes Object todt bleibt; die Phantasie die Seherin mit dem verbundenen Auge, der nichts verschlossen ist, und die in ihren Irrthümern oft am reizendsten erscheint.

In einer Zeit, wo das Wort Phantasie so oft gemißbraucht worden, sei jeder Versuch es wieder zu Ehren zu bringen, mit Auszeichnung genannt, auch wenn er sich zum Extreme neigte.

Schöne, bequeme Form läßt sich immer genießen und auslegen: tiefer Gehalt wird aber nicht zu jeder Zeit verstanden.

Die Quellen werden im großen Umlauf der Zeit immer näher an einander gerückt. Beethoven brauchte beispielsweise nicht alles zu studiren was Mozart — Mozart nicht, was Händel —, Händel nicht was Palestrina —, weil sie schon die Vorgänger in sich aufgenommen hatten. Nur aus Einem wäre vor Allen immer von Neuem zu schöpfen, — aus Joh. Sebastian Bach.

Der Phantasie des Musikers auf den Grund sehen zu wollen ist gefährlich.

In der Kunst giebt es kein Erbrecht; ihre Kronen wollen verdient sein; und an dem Lorbeer, ehe er auf einem Dichterhaupte fest sitzt, zerren oft tausend Hände und nicht in der besten Absicht.

Scheint es doch, als ob um auf die Nachwelt zu kommen, in keiner Kunst ein so anhaltendes Streben und Wirken gefordert würde, wie in der Musik, und es liegt Das vielleicht, wenn einestheils in der rasch aufeinanderfolgenden Selbstvernichtung der Epochen, auch am flüssigen, unendlichen Element der Musik selbst, während ein großer Gedanke, in wenigen Worten hingestellt, seinen Urheber der Unsterblichkeit überliefert.

In der Musik giebt es nichts Größeres, als jenen Genuß der Doppelmeisterschaft, wenn der Meister den Meister ausspricht.

In der Kunst fesselt uns oft, was uns im Leben abstößt.

Bei der großen Schnelle der Entwickelung der Musik, wie keine andere Kunst ein Beispiel aufstellen kann, muß es wohl vorkommen, daß selbst das Bessere selten länger als ein Jahrzehent im Munde der Mitwelt lebt. Daß viele der jungen Geister so undankbar vergessen und nicht bedenken, wie sie nur eine Höhe anbauen, zu der sie gar nicht den Grund gelegt, ist eine Erfahrung der Intoleranz, die jede Epoche der jüngeren gemacht hat und künftig machen wird.

Der Prozeß, welcher den Tondichter diese oder jene Grundtonart zur Aussprache seiner Empfindungen wählen läßt, ist unerklärbar, wie das Schaffen des Genius selbst, der mit dem Gedanken zugleich die Form, das Gefäß giebt, das jenen sicher einschließt. Der Tondichter trifft daher unmittelbar das Rechte, wie der Maler seine Farben, ohne viel nachzudenken. Sollten sich aber wirklich in den verschiedenen Epochen gewisse Stereotyp-Charaktere der Tonarten ausgebildet haben, so müßte man in derselben Tonart gesetzte, als klassisch geschätzte Meisterwerke zusammenstellen und die vorherrschende Stimmung unter einander vergleichen; dazu fehlt natürlich hier der Raum. Der Unterschied zwischen Dur und Moll muß vorweg zugegeben werden. Jenes ist das handelnde, männliche Princip, Dieses das leidende, weibliche. Einfachere Empfindungen haben einfachere Tonarten; zusammengesetzte bewegen sich lieber in fremden, welche das Ohr seltener gehört. Man könnte daher im ineinanderlaufenden Quintenzirkel das Steigen und Fallen am besten sehen. Der sogenannte Tritonus, die Mitte der Octave zur Octave, also Fis, scheint der höchste Punkt, die Spitze zu sein, die dann in den B-Tonarten wieder zu dem einfachen, ungeschminkten C-Dur herabsinkt.

Italienisch und Deutsch. Seht den flatternden, lieblichen Schmetterling, aber nehmt ihm seinen Farbenstaub, und seht, wie erbärmlich er herumfliegt und wenig beachtet wird, während von Riesengeschöpfen noch nach Jahrhunderten sich Skelette vorfinden, die sich mit Staunen die Nachkommen zeigen.

Haben wir Deutsche denn keine eigenthümliche Gesangweise? Hat nicht die jüngste Zeit gelehrt, wie es in Deutschland noch Geister und Meister giebt, die der Gründlichkeit die Leichtigkeit, der Bedeutung die Grazie beizugesellen wissen? Spohr, Mendelssohn und Andere, sie wüßten nicht auch zu singen, nicht auch für den Sänger zu schreiben? Dies ist's, worauf wir die deutsch-italienische Zwitterschule aufmerksam machen möchten. Die höchsten Spitzen italienischer Kunst reichen noch nicht bis an die ersten Anfänge wahrhaft deutscher; man kann nicht mit dem einen Fuß auf einer Alpe und mit dem anderen auf bequemem Wiesengrunde stehen.

Das unterscheidet eben die Meister der deutschen Schule von Italienern und Franzosen. Das hat sie groß gemacht und durchgebildet, daß sie sich in allen Formen und Gattungen versuchten, während die Meister jener anderen Nationen sich meistens nur in einer Gattung hervorthaten. Wenn wir daher einige der beliebten Pariser Operncomponisten hier und da z. B. „große Künstler" genannt finden, so möchten wir oft fragen, wo sind denn eure Symphonieen, eure Quartette, eure Psalmen ꝛc.? Wie könnt ihr euch mit deutschen Meistern vergleichen wollen?

Manche Modegenies, über deren schädlichen, hemmenden Einfluß man sich übrigens durchaus im Klaren war, wünscht man sich später, wenn sie selbst hinter sich zurückbleiben und nun eine Lücke entsteht, die Talentschwächere nur schlecht zu füllen versuchen, sehr oft zurück. So fingen die Kritiker erst Rossini recht herauszustreichen an, als Bellini aufstand; so wird man Diesen erheben, da Caraffa und die Anderen ihn nicht zu ersetzen vermögen. So mit Auber, Herold, Halevy. —

Es finden sich einzelne Talente, die weder der Allmacht des gerade herrschenden Genius, noch der Mode unterthan, nach eigenem Gesetze leben und schaffen; vom Ersteren haben sie allerdings das an sich, was kräftigen und edlen Naturen überhaupt gemein; die Mode verachten sie aber geradezu — und an dieser Unbeugsamkeit, ja Hartnäckigkeit, mit der sie Alles, was einem Werben nach Volksgunst ähnlich sähe, von   egt es wohl, daß ihre Namen gar nicht bis zum Volke u.   vielleicht zum Schaden Beider, obwohl das Letztere natürlich .. meisten verliert.

Es giebt gewisse Halbgenies, die mit einer ungemeinen Lebhaftigkeit und Empfänglichkeit alles Außerordentliche, sei es Gutes oder Übles, in sich aufnehmen und wie ihr Eigenthum verarbeiten. Sie haben einen Geniusflügel und einen anderen von Wachsfedern. In guter Stunde, in der Erregung, trägt wohl jener den andern mit in die Höhe; aber im Normalzustande der Ruhe schleppt der wächserne lahm hinter dem andern her.

Manche Geister wirken erst wenn sie sich bedingt fühlen frei.

Die sind glücklich zu preisen, die schon durch die Geburt an ihr Talent gekettet, auf ihren Lebensberuf hingewiesen sind, glücklich also Mozart, Haydn, Beethoven, deren Väter schlichte Musiker waren. Mit der Milch schon sogen sie Musik ein, lernten im Kindestraume; beim ersten erwachenden Bewußtsein fühlten sie sich als Glieder der großen Familie der Künstler, in die Andere sich oft erst mit Opfern einkaufen müssen.

Das Talent arbeitet, das Genie schafft.

Das Große geht oft in ähnlichen Worten und Tönen durch die Geister im Kreise um.

Alter und Jugend berühren sich so oft im Leben wie in der Kunst.

Das Große macht sich auch in der Vernichtung geltend. Zerschneidet eine Symphonie von Gyrowetz und eine von Beethoven — und seht, was bleibt. Kompilatorische Werke des Talents sind wie einander umwerfende Kartenhäuser, während von denen des Genies noch nach Jahrhunderten Kapitäler und Säulen vom zerbrochenen Tempel übrig bleiben, so hoch übrigens auch die Zusammenstellung (Komposition) in der Musik anzuschlagen ist.

Ein echter, musikalischer Kunstsatz hat immer einen gewissen Schwerpunkt, dem Alles zuwächst, wohin sich alle Geistesradien koncentriren. Viele legen ihn in die Mitte (die Mozart'sche Weise), Andere nach dem Schluß (die Beethoven's). Wenn man vorher gespannt und gepreßt zugehört, so kommt der Augenblick, wo man zum ersten Mal aus freier Brust athmen kann: die Höhe ist erstiegen und der Blick fliegt hell und befriedigt vor- und rückwärts.

Einfachheit macht das Kunstwerk noch nicht und kann unter Umständen eben so tadelnswerth sein, als das Entgegengesetzte, Überladung; der gesunde Meister aber nutzt alle Mittel mit Wahl zur rechten Zeit.

Es giebt eine Pedanterie der Einfachheit, die sich zur künstlerischen, echten Naivetät verhält, wie Manier zur Originalität.

Es kann uns aus einer Musik ein bedeutender Charakter entgegentreten und ihr doch viel zur Meisterhaftigkeit fehlen.

Wer Etwas liebt, glaubt es auch am besten zu verstehen und in einem von Beethoven wiederklingenden Koncertsaale stehen oft Dutzende von Jünglingen, selig im Herzen, von denen jeder für sich denkt: „So wie Ich versteht ihn doch Niemand!"

Der achtzehnjährige Jüngling hört oft eine Weltbegebenheit aus einer Musik heraus, wo der Mann nur ein Landesereigniß sieht, während der Musiker weder an das Eine noch an das Andere gedacht hat, und eben nur seine beste Musik gab, die er auf dem Herzen hatte. Aber daß die Außenwelt, wie sie heute strahlt, morgen dunkelt, oft hineingreift in das Innere des Dichters und Musikers, Das wolle man auch nur glauben.

Wahre Virtuosität giebt mehr als bloße Fertigkeit und Künste.

Wie es passive Genies giebt, so auch passive Talente: jene leben z. B. in und von Beethoven, diese in Hummel.

Zwischen wirklicher Gemeinheit und Shakespeare'scher ist noch ein Unterschied.

Nur für das Heuchlerische, für das Häßliche, das sich in reizende Schleier hüllt, soll die Kunst kein Spiegelbild haben.

Menschliches überfällt auch die Größten im unbewachten Augenblick.

Das Genie läuft mit Gemsensicherheit neben Abgründen.

Der Kunst ist nur mit dem Meisterhaften gedient; wer Dies nicht überall und zu jeder Zeit zu geben vermag, hat auf den Namen eines wahren Künstlers keinen Anspruch.

Was menschlich am Menschen und Künstler unterliegt auch der Zeit und ihren Einflüssen. Was aber darüber ist, die Seele, die Poesie, erhält sich in den Lieblingen des Himmels frisch alle Lebensalter hindurch.

Wie mancher schöne Gedanke mag uns schon geraubt worden sein durch das unzeitige Eintreten eines kleinen Skalenritters, wie manches schöne, schaffende Talent ist durch Unterrichtgeben zu Grunde gegangen.

Das ausländische Gesinge aus dem Felde zu schlagen und die Liebe des Volkes zur wahren, d. h. zu der Musik, die natürliche, tiefe und klare Empfindungen kunstgemäß ausspricht, wiederum zu beleben, bedarf es vor Allem der Pflege und Schützung unseres guten deutschen Liedes.

In Wirklichkeit ist vielleicht das Lied die einzige Gattung, in der seit Beethoven ein wirklich bedeutender Fortschritt geschehen ist.

Preisaufgaben können nur fruchten, schaden nimmer, und man kennt die Zeugekräfte wenig, wenn man meint, sie steigerten sich nicht durch Anregung, sei's auch eine prosaische.

Ob sich der darstellende Künstler über den schaffenden stellen, ob er dessen Werke nach Willkür für sich umgestalten dürfe? Die Antwort ist leicht: Einen Läppischen lachen wir aus, wenn er es schlecht macht, einem Geistreichen gestatten wir's, wenn er den Sinn des Originals nicht etwa geradezu zerstört.

Bei Talenten zweiten Ranges genügt es, daß sie die hergebrachte Form beherrschen; bei denen ersten Ranges billigen wir, daß sie sie erweitern. Nur das Genie darf frei gebaren.

Ich mag Die nicht, deren Leben nicht mit ihren Werken im Einklang steht.

Das Außergewöhnliche am Künstler wird zu seinem Vortheil nicht immer im Augenblick anerkannt.

Oft möchte man sich an die Stirn greifen, wenn man Meyerbeer's Erfolge im gesunden musikalischen Deutschland erwägt, und wie sonst ehrenwerthe Leute, Musiker selbst, die übrigens auch den stilleren Siegen Mendelssohn's mit Freude zusehen, von seiner Musik sagen, sie wär' Etwas.

Offenbar thun die Franzosen im Gebrauch pikanter Reizmittel und in immerwährender Aufbietung neue zu erfinden, zu viel des Schlimmen, wir Deutsche aber zum Schaden des Virtuosen, der doch auch leben will, zu wenig des Guten. Wollen wir Koncertkomponisten unseren Altvordern bis auf Zopf und Perücke es in Allem nachthun und in billiger Berücksichtigung neuerer Bedürfnisse auch etwas Neues dazu wenn es sonst gut — und seien wir überzeugt, daß ein Genie, wie das eines Mozart, heute geboren, eher Chopin'sche Koncerte schreiben würde als Mozart'sche.

Zu sehr Noth thut es, daß wahrhaft musikalischen Künstlern die Ehren gesichert werden, mit denen man Virtuosen, die Nichts als ihre Finger haben, oft so unbedacht überhäuft, und daß man Beide von einander trennen lerne.

Was schön klingt, spottet aller Grammatik, wie was schön ist, aller Ästhetik.

Niemand kann mehr als er weiß. Niemand weiß mehr als er kann.

Mit dem vorrückenden Alter, den wachsenden Ansprüchen, wird der Kreis der Lieblinge kleiner und kleiner; an uns liegt es wie an ihnen. Wo wäre der Meister, über den man sein ganzes Leben hindurch ganz gleich dächte!

Über manche Sachen auf der Welt läßt sich gar nichts sagen, z. B. über die C-Dur-Symphonie mit Fuge von Mozart, über Vieles von Shakespeare, über Einzelnes von Beethoven.

Neulich hörte ich im Traume eine Musik von Engeln, und zwar der himmlischsten Quinten voll, und Dies kam, wie sie mir versicherten, nur daher, daß sie niemals Generalbaß zu studiren nöthig gehabt. Die Rechten werden den Traum wohl verstehen.

Dem großen Haufen den Unterschied zwischen Komposition und Konglomerat, zwischen Meisterleben und Scheinleben ꝛc. beibringen zu können, dieses Gedankens wollen wir uns nur entschlagen. Aber die Künstler müssen es wissen.

Wir wissen wohl, es giebt Verhältnisse, wo sich der Künstler zu seinem Erröthen vergessen, wo er schreiben muß für Verleger und Publikum. Aber nur die drängendste Nothwendigkeit hätte hier einen Anspruch auf Nachsicht der Kritik.

Programm-Musik. Der zartsinnige, aller Persönlichkeit mehr abholde Deutsche will in seinen Gedanken nicht so grob geleitet sein; schon bei der Pastoralsymphonie beleidigte es ihn, daß ihm Beethoven nicht zutraute, ihren Charakter ohne sein Zuthun zu errathen. Es besitzt der Mensch eine eigene Scheu vor der Arbeitsstätte des Genius: er will Nichts von den Ursachen, Werkzeugen und Geheimnissen des Schaffens wissen, wie ja auch die Natur eine gewisse Zartheit bekundet, indem sie ihre Wurzeln mit Erde überdeckt. Verschließe sich also der Künstler mit seinen Wehen. Wir würden schreckliche Dinge erfahren, wenn wir bei allen Werken bis auf den Grund ihrer Entstehung sehen könnten.

Ein nicht gutes Zeichen für eine Musik bleibt es immer, wenn sie einer Überschrift bedarf; sie ist dann gewiß nicht der inneren Tiefe entquollen, sondern erst durch irgend eine äußere Vermittelung angeregt. Daß unsere Kunst gar Vieles ausdrücken, selbst den

Gang einer Begebenheit in ihrer Weise verfolgen könne, wer würde Das leugnen; Die aber, die die Wirkung und den Werth ihrer so entstandenen Gebilde prüfen wollen, haben eine leichte Probe: sie brauchen nur die Überschriften wegzustreichen.

Jede Zeit glaubt von sich, sie stände auf dem Gipfel, wie es umgekehrt zu allen Zeiten Leute gegeben, die über Verfall der Kunst geklagt.

Wir wären am Ziel? — wir irren! Die Kunst wird die große Fuge sein, in der sich die verschiedenen Völkerschaften ablösen im Singen.

Bis jetzt kennen wir nur deutsche, französische und italienische Musik als Gattungen. Wie aber wenn die anderen Völker dazu kommen bis nach Patagonien hin? Dann würde sich ein neuer Kiesewetter nur in Folianten aussprechen können.

Italienische Musik muß man unter italienischen Menschen hören; deutsche genießt sich freilich unter jedem Himmel.

Es scheint, als ob die Deutschland angrenzenden Nationen sich von der Herrschaft deutscher Musik emanzipiren wollten; einen Deutschthümler könnte Das vielleicht grämen, dem tiefer blickenden Denker und Kenner der Menschheit wird es nur natürlich und erfreulich vorkommen. So vertritt Chopin sein Vaterland, Bennett England, in Holland giebt J. Verhulst Hoffnungen, seinem Vaterlande ein würdiger Repräsentant zu werden, in Ungarn machen sich gleichfalls nationale Bestrebungen geltend. Und wie sie auch alle die deutsche Nation als ihre erste und geliebteste Lehrerin in der Musik betrachten, so soll sich Niemand verwundern, wenn sie auch für ihre Nation ihre eigene Sprache der Musik zu sprechen versuchen wollen, ohne deßhalb den Lehren ihrer Meisterin untreu zu werden. Denn noch hat kein Land der Welt Meister, die sich mit unsern großen vergleichen könnten, und Niemand hat Dies noch leugnen wollen.

Der Kampf fängt schon wieder an aufzulodern über das Etwas-sich-nicht-denken-sollen beim Komponiren und das Gegentheil. Die Philosophen denken sich die Sache auch wohl schlimmer als sie ist; gewiß sie irren, wenn sie glauben, ein Komponist, der nach einer Idee arbeite, setze sich hin wie ein Prediger am Sonnabend-Nachmittag und schematisire sein Thema nach den gewöhnlichen drei Theilen und arbeite es überhaupt gehörig aus; gewiß, sie irren. Das Schaffen des Musikers ist ein ganz anderes; schwebt ihm ein Bild, eine Idee vor, so wird er sich doch nur erst dann glücklich in seiner Arbeit fühlen, wenn sie ihm in schönen Melodieen entgegenkommt, von denselben unsichtbaren Händen getragen, wie die „goldenen Eimer", von denen Goethe irgendwo spricht.

Ein Fortschritt unserer Kunst erfolgt erst mit einem Fortschritt der Künstler zu einer geistigen Aristokratie, nach deren Statuten die Kenntnis des niederen Handwerks nicht bloß verlangt, sondern schon vorausgesetzt, und nach denen Niemand zugelassen würde, der nicht so viel Talent mitbrächte, Das selbst zu leisten, was er von Anderen fordert, also Phantasie, Gemüth und Geist, — und dies Alles um die höhere Epoche einer allgemeinen musikalischen Bildung herbeizuführen, wo über das Erste ebensowenig ein Zweifel herrsche, wie über die mannigfaltigen Gestalten, in denen es erscheinen könne, unter musikalisch aber jenes innere lebendige Mitsingen, jene thätig werdende Mitleidenschaft, jene Fähigkeit des schnellen Aufnehmens und Wiedergebens zu verstehen sei, damit in der Vermählung der Produktivität und Reproduktivität zur Künstlerschaft den höhern Zielen der Kunst immer näher gekommen werde.

II.

Musiker.

Bach — Händel — Gluck.

ach! Er, der uns ziemlich sammt und sonders auf dem kleinen Finger wiegt, — Händel, feststehend, wie der Himmel über uns, — Gluck nicht minder.

Über die Bach'sche Musik läßt sich wenig sagen; man muß sie haben in den Händen, studiren möglichst, und er bleibt unergründlich wie vorher. Händel scheint mir schon menschlich-erhabener; an Gluck verwirft man die Arien und läßt die Chöre passiren, d. h. man nimmt der Statue eines Gottes das etwaige Lockengekräusel um die Stirn und lobt nichts als seine Sehnen, seinen Korpus.

Gluck.

Ein großer, origineller Künstler. Mozart steht auf seinen Schultern sichtbar; Spontini kopirt ihn oft wörtlich. — Wie lange die Welt steht, solche Musik wird immer wieder einmal zum Vorschein kommen, wird nie alt.

Bach.

Mit Bach wird man doch niemals fertig; er wird immer tiefer, je mehr man ihn hört. Von Zelter, und später von Marx ist darüber Treffliches und Treffendes genug gesagt worden, und doch, hört man dann, so will es wieder scheinen, als ließe sich ihm mit dem bloßen Wortverstand nur von Weitem beikommen. Die beste

Versinnlichung und Erklärung seiner Werke bleibt immer die lebendige durch die Mittel der Musik selbst.

Bach's Werke sind ein Kapital für alle Zeiten. — Wer weiß, ob seine „Kunst der Fuge", wie sie jetzt vorliegt, nicht mehr als erst der Anfang des Riesengebäudes war, da der göttliche Meister, wie man wissen will, darüber zu Grabe gegangen; es hat mich die letzte Fuge, die unvollendet, unvermuthet abbricht, immer ergreifen wollen; es ist, als wär' er, der immer schaffende Riese, mitten in seiner Arbeit gestorben.

Am herrlichsten, am kühnsten, in seinem Urelemente erscheint er aber nun ein- für allemal an seiner Orgel. Hier kennt er weder Maß noch Ziel und arbeitet auf Jahrhunderte hinaus. — Es bleibt wahr, was Zelter gesagt hat: „Dieser Leipziger Cantor ist eine unbegreifliche Erscheinung der Gottheit."

D. Scarlatti.

Scarlatti hat viel Ausgezeichnetes, was ihn vor seinen Zeitgenossen kenntlich macht. Die so zu sagen geharnischte Ordnung Bach'schen Ideengangs ist in ihm nicht zu finden; er ist bei Weitem gehaltloser, flüchtiger, rhapsodischer; man hat zu thun, ihm immer zu folgen, so schnell verwebt und löst er die Fäden; sein Stil ist im Verhältniß seiner Zeit kurz, gefällig und pikant. — Im Vergleich zu Bach ist es, wie ein geistreicher Komponist schon bei einer Vergleichung zwischen Emanuel und Sebastian Bach sagte: „als wenn ein Zwerg unter die Riesen käme". Demungeachtet dürfen aber dem echten Klavierkünstler die Koryphäen der verschiedenen Schulen nicht unbekannt bleiben, namentlich Scarlatti nicht, der die Kunst des Klavierspiels offenbar auf eine höhere Stufe gebracht.

Haydn.

Man kann nichts Neues mehr von ihm erfahren; er ist wie ein gewohnter Hausfreund, der immer gern und achtungsvoll empfangen wird: tieferes Interesse aber hat er für die Jetztzeit nicht mehr.

Mozart.

Heiterkeit, Ruhe, Grazie, die Kennzeichen der antiken Kunstwerke, sind auch die der Mozart'schen Schule. Wie der Grieche seinen donnernden Jupiter noch mit heiterem Gesichte zeichnete, so hält Mozart seine Blitze.

Jeder Komponist hat seine eigenthümlichen Notengestaltungen für das Auge. Beethoven sieht anders aus auf dem Papier, als Mozart, etwa wie Jean Paul'sche Prosa anders als Goethe'sche.

Ist es nicht, als würden Mozart's Werke immer frischer, je mehr man sie hörte!

Beethoven.

Beethoven — was liegt in diesem Wort! Schon der tiefe Klang der Silben wie in eine Ewigkeit hineintönend. Es ist, als könne es kein anderes Schriftzeichen für diesen Namen geben.

Wie es in der Dichtkunst Jean Paul war, der, nachdem er in die Erde gesenkt war, wie ein heilbringender Quell in Schachten fortströmte, bis ihn zwei Jünger, die ich nicht zu nennen brauche, wieder an's Sonnenlicht leiteten und begeistert, nur zu heftig verkündeten, „es beginne eine neue Zeit" — so war es in der Musik Beethoven. Unsichtbar wirkte er wie eine Gottheit in einzelnen Geistern fort und gebot ihnen, den Augenblick nicht zu versäumen, wo der Götzendienst, dem die Masse lange, leere Jahre sich hingegeben, gestürzt werden könne. Und er empfahl ihnen, den Kampf zu bestehen, nicht die sanfte glatte Sprache des Gedichts an, sondern die freie, ungebundene Rede, mit der er selbst schon oft gesprochen, und die jungen Geister bedienten sich ihrer in neuen und tiefsinnigen Formeln.

Wie Italien sein Neapel hat, der Franzose seine Revolution, der Engländer seine Schifffahrt, so der Deutsche seinen Beethoven·

schen Symphonien; über Beethoven vergißt er, daß er keine große Malerschule aufzuweisen, mit ihm hat er im Geiste die Schlachten wieder gewonnen, die ihm Napoleon abgenommen; ihn wagt er selbst Shakespeare gleich zu stellen. — Wenn der Deutsche von Symphonien spricht, so spricht er von Beethoven; die beiden Namen gelten ihm für Eines und unzertrennlich, sind seine Freude, sein Stolz.

In ihn hat die Natur nun einmal verschwenderisch niedergelegt, wozu sie sonst tausend Gefäße braucht.

Beethoven verträgt keine virtuosische Behandlung; wir dürfen nicht dulden, daß kindische Hände an ihm zerren und rütteln. Es ist nicht gut, mit Löwen spaßen wollen.

Man soll Beethoven nach Zollen messen, aber nach König Lear'schen.

Nach der D-Moll-Symphonie. „Ich bin der Blinde, der vor dem Straßburger Münster steht, seine Glocken hört, aber den Eingang nicht findet. Laßt mich in Ruhe, Jünglinge, ich verstehe die Menschen nicht mehr. — — Wer wird den Blinden schelten, wenn er vor dem Münster steht und nichts zu sagen weiß? Zieht er nur andächtig den Hut, wenn oben die Glocken läuten." — — Ja, liebt ihn nur, liebt ihn so recht — aber vergeßt nicht, daß er auf dem Wege eines jahrelangen Studiums zur poetischen Freiheit gelangte, und verehrt seine nie rastende moralische Kraft. Sucht nicht das Abnorme an ihm heraus, geht auf den Grund des Schaffens zurück, beweist sein Genie nicht mit der letzten Symphonie, so Kühnes und Ungeheures sie ausspricht, was keine Zunge zuvor, — ebenso gut könnt ihr Das mit der ersten oder mit der griechisch-schlanken in B-Dur!

Die Natur müßte zerbersten, wollte sie lauter Beethovens gebären.

Cherubini.

Ein in der höchsten Kunstaristokratie und in seinen eigenen Kunstansichten ergrauter Künstler, noch jetzt, im höchsten Alter als Harmoniker der Mitwelt der überlegenste, ein feiner, gelehrter, interessanter Italiener, dem in seiner strengen Abgeschlossenheit und Charakterstärke ich manchmal Dante vergleichen möchte. — Zu Beethoven's Lebzeiten wohl der zweite Meister der neueren Tonkunst, nach dessen Tode wohl als der erste der lebenden zu betrachten.

Franz Schubert.

Wenn Fruchtbarkeit ein Hauptmerkmal des Genies ist, so gehört Franz Schubert zu den größten. — Es gab eine Zeit, wo ich nur ungern über Schubert sprechen, nur Nächtens den Bäumen und Sternen von ihm vorerzählen mögen. Wer schwärmt nicht einmal! Entzückt von diesem neuen Geist, dessen Reichthum mir maß- und grenzenlos dünkte, taub gegen Alles, was gegen ihn zeugen könnte, sann ich Nichts als auf ihn. — Schubert wird immer der Liebling der Jugend bleiben; er zeigt, was sie will, ein überströmend Herz, kühne Gedanken, rasche That; erzählt ihr, was sie am meisten liebt, von romantischen Geschichten, Rittern, Mädchen und Abenteuern; auch Witz und Humor mischt er bei, aber nicht so viel, daß dadurch die weichere Grundstimmung getrübt würde. Dabei beflügelt er des Spielers eigene Phantasie, wie außer Beethoven kein anderer Komponist; das Leicht-Nachahmliche mancher seiner Eigenheiten verlockt wohl auch zur Nachahmung; tausend Gedanken will man ausführen, die er nur leichthin angedeutet; so ist es, so wird er noch lange wirken.

An Beethoven gehalten, ist Schubert ein Mädchencharakter, bei Weitem geschwätziger, weicher und breiter; gegen Jenen ein Kind, das sorglos unter den Riesen spielt. Zwar bringt auch Er seine Kraftstellen, bietet auch Er Massen auf; doch verhält es sich immer wie Weib zum Mann, der befiehlt, wo jenes bittet und überredet. Dies Alles aber nur im Vergleich zu Beethoven; gegen Andere ist er noch Mann genug, ja der kühnste und freigeistigste der neueren Musiker. — Er hat Töne für die feinsten Empfindungen, Gedanken, ja Begebenheiten und Lebenszustände. So tausendgestaltig sich des Menschen Dichten und Trachten bricht, so vielfach die Schubert'sche Musik. Was er anschaut mit dem Auge, berührt mit der Hand, verwandelt sich zu Musik; aus Steinen, die er hinwirft, springen, wie bei Deukalion und Pyrrha, lebende Menschengestalten. Er war der Ausgezeichnetste nach Beethoven, der, Todfeind aller Philisterei, Musik im höchsten Sinne des Wortes ausübte.

Die Vorzüglichkeit seiner Werke kann über den frühen und schmerzlichsten Tod dieses Erstgeborenen Beethoven's in etwas trösten; er hat in kurzer Zeit geleistet und vollendet, als Niemand vor ihm. — Mit ruhigem Antlitz konnte er der letzten Minute entgegentreten. Und wenn auf seinem Leichenstein die Worte stehen, daß unter ihm „ein schöner Besitz, aber noch schönere Hoffnungen" begraben lägen, so wollen wir dankbar nur des ersteren gedenken. Nachzugrübeln, was er noch erreichen können, führt zu Nichts. Er hat genug gethan, und gepriesen sei, wer wie Er gestrebt und vollendet.

C. Czerny.

Herrn Czerny kann man nicht einholen, mit aller kritischen Schnelligkeit. Hätte ich Feinde, Nichts als solche Musik gäb' ich ihnen zu hören, sie zu vernichten.

Auber.

Ein bekannter deutscher Komponist antwortete einmal auf die Frage, wie ihm eine neue Oper von Auber gefalle, die gerade in Paris gegeben wurde: „die Taglioni tanze wunderhübsch".

Rossini.

Allzu einseitig wäre es, alles Rossini'sche bei uns zu unterdrücken, wenn es nur einigermaßen im Verhältnis zur Aufmunterung deutscher Leistungen stünde. Rossini ist der trefflichste Dekorationsmaler, aber nehmet ihm die künstliche Beleuchtung und die verführende Theaterscene und sehet zu was bleibt.

Meyerbeer.

Ein eigentlicher Repräsentant seiner Nation, ohne Heimat und Vaterland, der nach und nach von allen Völkern zu seiner Kunst geliehen hat.

Wer mir in hundert, was sag' ich, in fünfzig Jahren historische Koncerte verbürgt, in denen eine Note von Meyerbeer gespielt wird, dem will ich sagen: "Beer ist ein Gott, und ich habe mich geirrt!"

Meyerbeer's Hugenotten. Ein geistreicher Mann hat Musik wie Handlung am besten durch das Urtheil bezeichnet, daß sie entweder im Freudenhause oder in der Kirche spielten. Ich bin kein Moralist; aber einen guten Protestanten empört's, sein theuerstes Lied auf den Brettern abgeschrieen zu hören, empört es, das blutigste Drama seiner Religionsgeschichte zu einer Jahrmarktsfarce heruntergezogen zu sehen, Geld und Geschrei damit zu erheben; empört die Oper von der Ouvertüre an mit ihrer lächerlich-gemeinen Heiligkeit bis zum Schluß, nach dem wir ehestens lebendig verbrannt werden sollen. Was bleibt nach den Hugenotten übrig, als daß man geradezu auf der Bühne Verbrecher hinrichtet und leichte Dirnen zur Schau ausstellt. — Und dies läßt man sich Alles gefallen, weil es hübsch in die Augen fällt und von Paris kömmt, und ihr deutschen sittsamen Mädchen haltet euch nicht die Augen zu? — Von der Musik an sich zu reden, so reichten hier wirklich keine Bücher hin; jeder Takt ist überdacht, über jeden ließe sich Etwas sagen. Verblüffen oder kitzeln ist Meyerbeer's höchster Wahlspruch, und es gelingt ihm auch beim Janhagel. Meyerbeer's äußerlichste Tendenz, höchste Nicht-Originalität und Stillosigkeit sind so bekannt, wie sein Talent, geschickt zu appretiren, glänzend zu machen, dramatisch zu behandeln, zu instrumentiren, wie er auch einen großen Reichthum an Formen hat. Mit leichter Mühe kann man Rossini, Mozart, Herold, Weber, Bellini, sogar Spohr, kurz, die gesammte Musik nachweisen. — Manches Bessere, auch einzelne edlere, großartigere Regungen könnte nur der Haß wegleugnen — was aber ist Das gegen die Gemeinheit, Verzerrtheit, Unnatur, Unsittlichkeit, Un-Musik des Ganzen? Wahrhaftig, und der Herr sei gelobt, wir stehen am Ziel, es kann nicht ärger kommen, man müßte denn die Bühne zu einem Galgen machen, und dem äußersten Angstgeschrei eines von der Zeit gequälten Talentes folgt im Augenblicke die Hoffnung, daß es besser werden muß.

W. St. Bennett.

"Ein englischer Komponist, kein Komponist", sagte Jemand vor dem Gewandhausconcerte, worin Herr Bennett vor einigen Wochen sein drittes Klavierkoncert vortrug. Als es aber vorüber war, wendete ich mich wie fragend zu ihm: "Ein englischer Komponist" — "und wahrhaftig ein englischer", vollendete der Engländerfeind wortspielend. — Er hat mit einem Wort den geläutertsten Geschmack, den lebendigsten Sinn für das Unverfälschte, das Echte. — Er leistet immer gerade was er kann, und da er eine schöne Natur ist, leistet er es immer schön.

Scheint es doch, als stünde diese ausländische, seltene Wunderblume gerade jetzt in ihrer duftigsten Blüthe; da eile man, sie zu betrachten. Das Ausland giebt uns ohnehin so wenig: Italien treibt nur Schmetterlingstaub herüber, und am wundersamen Berlioz schrecken die knotigen Auswüchse. Aber jener Engländer ist unter allen Fremden der deutschen Theilnahme am würdigsten, ein geborener Künstler, wie selbst Deutschland wenige aufzuweisen.

Die sprechende Bruderähnlichkeit mit Mendelssohn wird Jedem im Augenblick auffallen. Dieselbe Formenschönheit, poetische Tiefe und Klarheit, ideale Reinheit, derselbe beseligende Eindruck nach außen, und dennoch zu unterscheiden. Dieses sie unterscheidende

Kennzeichen läßt sich in ihrem Spiel noch leichter entdecken als in der Komposition. Das Spiel des Engländers ist nämlich vielleicht um so viel zarter (mehr Detailarbeit), als das Mendelssohn's energischer (mehr Ausführung im Großen). Jener schattirt noch im Leisesten so fein, wie dieser in den herrlichsten Kraftstellen erst noch recht von neuer Kraft überströmt; wenn uns hier der verklärte Ausdruck einer einzigen Gestalt bewältigt, so quellen dort wie aus einem Raphael'schen Himmel Hunderte von wonnigen Engelsköpfen.

Einen großen Genius wird Bennett Niemand nennen wollen; aber von einem Genie hat er viel.

A. Bazzini.

Er scheint mir bei Weitem zu wenig anerkannt. Italiener ist er durch und durch, aber im besten Sinne; als käme er aus dem Lande des Gesanges, nicht einem Lande, das da oder dort liegt, aus jenem unbekannten, ewig heitern, so war mir's manchmal bei seiner Musik.

Als Spieler nun insbesondere rangirt er gewiß zu den größten der Gegenwart; an eminenter Fertigkeit, an Anmuth und Fülle des Tons, und vor Allem an Reinheit und Ausdauer wüßt' ich Keinen, dem er es nicht gleich thäte; an eigenthümlicher Frische, Jugendlichkeit und Gesundheit des Vortrags überragt er wohl die Meisten, und vergegenwärtige ich mir mancher, namentlich belgischer Virtuosen herz- und seelenloses blasirtes Wesen, so kommt er mir wie ein Jüngling unter Greisen vor, dem, trotz daß er schon auf solcher glänzenden Höhe, eine noch glänzendere Zukunft bevorsteht.

Henri Herz.

In der großen Weltpartitur rechne ich Herrn Herz ohne Weiteres zur Janitscharenmusik: auch er spielt mit, will beachtet sein und verdient sein Lob, wenn er gehörig pausirt und beim Einfallen nicht zu viel Lärmens macht. Überhaupt ist es neuster Ton der haute volée der Künstler, Herzen zu loben, und wirklich bekömmt man auch die Klagen faber Patrioten über „Ohrenkitzel, Klingelei" u. s. w. nachgerade überdrüssig. Nicht, als ob uns Letztere jemals entzückt hätte oder als ob wir meinten, die Musik könne ohne Triangel nicht bestehen; — ist er aber einmal vom höchsten Kapellmeister erschaffen und vorgeschrieben, so soll er auch hell und lustig zwischen klingen. Also: Herz lebe! —

Th. Döhler.

Es ist merkwürdig und traurig, wie ein so bedeutender Klavierspieler so wenig als Komponist zu leisten vermag.

S. Thalberg.

Heine pflegte zu einem reichen, deutschen Komponisten gewöhnlich zu sagen: „Warum komponirst Du nur? Du hast's ja nicht nöthig." Es fehlt oft wenig, daß wir Herrn Thalberg dasselbe zurufen möchten. Talent haben wir ihm zugesprochen — wie verdiente er denn so viel Aufhebens! — Daß bei Thalberg, wie bei Herz und Czerny, das Hand- und Fingerwerk Hauptsache bleibt und daß er mit glänzenden Mitteln über oft schwächliche Gedanken zu täuschen weiß, könnte zu einem Zweifel veranlassen, wie lange die Welt an solcher mechanischen Musik Gefallen finden möchte.

Marschner.

Ein Edelstein, der sich nicht ganz von seiner rohen Hülle befreien konnte.

Bei Marschner dominirt meistens die Oberstimme; zu tieferen Kombinationen zu gelangen, ist es als gönne er sich die Zeit nicht; es reißt ihn unwiderstehlich nur nach dem Ende, nach der Vollendung des Stückes hin. Ähnlich Dem wirken auch seine Kompositionen; man fühlt sich fortgerissen, geblendet; große Talentzüge blitzen uns überall entgegen; bei genauerer Untersuchung stellen sich aber auch die oberflächlicher behandelten Seiten der Komposition heraus. In einem Bilde zu sprechen, er giebt uns die goldenen Früchte seines Talentes in oft irdenen Schalen.

C. Löwe.

Löwe, um mich eines Bildes zu bedienen, ist frühzeitig auf ein einsames Eiland geworfen worden. Was draußen in der Welt vorgeht, kommt nur erzählungsweise zu seiner Kunde, wie umgekehrt die Welt nur selten von ihm hört. Zwar Löwe ist der König dieses Eilandes und baut es an, und verschönert es, denn die Natur hat ihn mit dichterischen Kräften ausgerüstet. Größeren Einfluß aber auf den Gang der Weltbegebenheiten ausüben kann er nicht und will es vielleicht auch nicht.

So gehört denn Löwe beinahe zu den Verschollenen schon, trotz seiner regen, fortgesetzten Produktivität. Man singt wohl seine alten Balladen noch, und sein: „Was ziehet und klinget die Straße herauf" ertönt noch aus der Kehle manches alten Burschen; aber seine späteren, größeren Arbeiten sind kaum dem Namen nach bekannt geworden. Ungerechterweise, aber auch natürlicherweise. Und hier muß ich Etwas aussprechen, was ich nur ungern thue, und möchte es mit dem Goethe'schen Worte einleiten: „Wer sich der Einsamkeit ergiebt, ach, Der ist bald allein." Zu lang anhaltende Abgeschiedenheit von der Welt schadet dem Künstler zuletzt; er fängt da oft an, sich in gewisse Formen und Manieren einzugewöhnen, bis er sich plötzlich bis zum Sonderling, zum Träumer festgefahren. So weit mag er sich noch ganz wohl befinden. Aber donnert ihm nur einmal eine öffentliche Stimme ein „Hab' Acht, Freund!" entgegen, so verfällt er in Grübeln, in Zweifeln an sich, und der Pedanterie gesellt sich gar noch der Unmuth, die Hypochondrie zu, dieser schädlichste Feind des Schaffens. — Wir sind weit entfernt, Obiges in seinem ganzen Umfange auf Löwe anzuwenden; aber es ist Gefahr für ihn da.

C. G. Reißiger.

Das Element, in dem er sich zeither am liebsten bewegte, war das Lied, und am glücklichsten im heiter lyrischen. Viel Gelungenes in dieser Art verdanken wir ihm. Auch als Kirchenkomponist hat sich Reißiger mit Glück gezeigt; seine derartigen Kompositionen athmen einen freundlichen, frommen Sinn, der seines Eindrucks gewiß sein kann. Weniger glücklich war er bis jetzt als dramatischer Komponist; wir finden den Grund davon im durchaus Vorwiegenden seiner lyrischen Natur. — Adèle de Foix, seine neue, große Oper, wurde gegeben, mit Beifall, auch nicht ohne einzelnen Widerspruch. — — Der ungeheure Succeß des „Freischütz", scheint es, hat die deutschen Komponisten zu Anforderungen an Beifallsbezeugungen verleitet, die nun einmal nicht durch Absicht herausgefordert werden können. Muß denn Alles gleich Furore machen sollen? Gehören denn zu Allem Posaunen und Pickelflöten? Sie schimpfen auf die italienischen Komponisten und scheuen sich doch nicht, oft mit denselben Mitteln zu wirken; man kennt den Unsinn und begeht ihn doch. Wo soll denn da die Achtung des Publikums herkommen, das auch seine Meriten hat und oft heller sieht, als man glauben sollte! — — Bemerkenswerth ist, wie Reißiger, der z. B. in vielen seiner Lieder ein eigenthümliches Talent gezeigt, in seinen dramatischen Arbeiten weit weniger originell dasteht, ja so starke Anklänge an bekannte deutsche und italienische Meister bringt, daß es auch der Laie merken muß. — Abgesehen aber von dem zweifachen Vorwurf öfterer Reminiscenzen und öfterer überladener Instrumentation finden wir in der Oper viele Vorzüge, zu denen wir uns mit Vergnügen wenden.

L. Berger.

L. Berger's erstes Vorbild war offenbar Mozart selbst, das nur erst später durch Beethoven's Erscheinen etwas in den Hintergrund getreten sein mochte. Auf seinen Klavierstil insbesondere hatte außerdem Clementi, L. Berger's erster Lehrer, dann auch Field, sein Mitschüler, Einfluß gehabt. Erinnerungen an diese seine Meister und Freunde finden sich überall. Damit soll aber keineswegs gesagt werden, als ob L. Berger ein Nachahmer dieser gewesen. Im Gegentheil, was geniale Schöpferkraft anlangt, steht er sowohl über Clementi als über Field und bewies es namentlich im Liede, in dem er ganz ohne Vorbild arbeitete, dessen Grenzen er weit über die damals konventionellen hinausrückte. — Als sein bedeutendstes, glücklichstes Klavierwerk gilt uns noch immer seine erste Etüdensammlung. Überhaupt scheint uns, war er in kleinen Formen glücklicher als in größeren, wie Dies oft bei excentrischen Naturen der Fall, die stets ihr Bestes, Tiefstes, Innigstes geben möchten. Schlage man solche kleine Stücke nicht zu gering an. — Daß L. Berger auch größerer Formen Meister war, hat er in seinen Sonaten, seinen Koncerten bewiesen; keineswegs aber geben wir für diese eben jene kleineren, genialeren Arbeiten hin, wie jene Etüden, einige seiner Variationen, und vor Allem seine Lieder.

Spohr.

Ein fertiger, abgeschlossener Meister, der nie Etwas über die Lippen gebracht, was nicht seinem eigensten Herzen entsprungen und der immer beim ersten Klange schon zu erkennen. — Es scheint eine unerschöpfliche Gemüthstiefe gerade in diesem Künstler zu liegen, daß er uns immer zu fesseln versteht, so sehr er sich auch gleich bleibt. Gewiß, Spohr könnte Alles ohne seinen Namen herausgeben, man würde ihn auf den Augenblick erkennen. Er giebt uns Alles in meisterhafter Form, und selbst Bekanntes in gewählter Gewandung. Von seinem gewissenhaften Fleiß, der sich mit dem vorrückenden Alter des Künstlers eher gesteigert als vermindert zu haben scheint, haben Manche gar keine Vorstellung. — — Wie er nun aber Alles wie durch Thränen sieht, so laufen auch seine Gestalten zu formenlosen Äthergebilden auseinander, für die es kaum einen Namen giebt; es ist ein immerwährendes Tönen, freilich von der Hand und dem Geist eines Künstlers zusammengehalten — nun, wir wissen es Alle. — —

Laßt uns ihm folgen, in der Kunst, im Leben, in seinem ganzen Streben. Er sei uns mit unseren größten Deutschen ein leuchtendes Beispiel.

A. Henselt.

Was ich Wohllaut, Klangzauber nenne, ist mir noch nie in einem höheren Grade vorgekommen, als in Henselt's Kompositionen. Dieser Wohllaut ist aber nur der Wiederhall einer inneren Liebenswürdigkeit, die sich so offen und wahr ausspricht, wie man es in diesem verhüllten Larventanz der Zeit kaum mehr kennt. — — Neulich wurde gefragt, ob Henselt nicht eine dem Prinzen Louis von Preußen verwandte Erscheinung wäre. Allerdings, aber sie fallen in umgekehrte Zeiten. Nimmt man von der Musik einen, romantischen und klassischen Charakter an, so war Prinz Louis der Romantiker der klassischen Periode, während Henselt der Klassiker einer romantischen Zeit ist; und in so fern berühren sie sich.

Der Grund seines raschen Durchdringens liegt — in der anziehungskräftigsten Seite sittlichen und künstlerischen Charakters, — in der Liebenswürdigkeit unseres Helden. Seine Glieder bewegen sich frei und gefällig; sein Schwert blitzt und duftet zugleich, wie man es von den Damascenerklingen sagt; von seinem Haupte weht ein glänzender Helmbusch. So ist er mir, sah ich ihn am Klavier, auch oft wie ein Troubadour erschienen, der die Gemüther besänftigt in wilder, durcheinander geworfener Zeit, sie an die Einfachheit und Sittigkeit früherer Jahrhunderte mahnt und zu neuen Thaten ruft, und da stutzen wohl Mädchen und Jünglinge, wie er von Lied zu Lied weiter singt und kaum zu endigen weiß. Dabei vermag er aber auch den leidenschaftlicheren Naturen zu gefallen: seine Gesänge sind der innigsten Liebe und Hingebung voll, auch das Schicksal mag seine Hände nicht aus dem Spiel lassen und zwang ihn gleichsam zum Romantiker, sein ganzes Wesen ist in Liebe aufgegangen.

C. M. von Weber.

Euryanthe. Geschwärmt haben wir, wie lange nicht. Die Musik ist noch viel zu wenig erkannt und anerkannt. Es ist Herzblut, sein edelstes, was er hatte; eine Kette glänzender Juwelen vom Anfang bis zum Schluß; ein Stück Leben hat ihm die Oper gekostet — gewiß. Aber auch unsterblich ist er durch sie.

John Field.

Wenn Goethe meint: „wer lobe, stelle sich gleich", so soll er Recht haben, wie immer — und ich will mir von diesem Künstler gerne Augen und Hände binden lassen und damit nichts ausdrücken, als daß er mich ganz gefangen und daß ich ihm blind folge. — — Habt Talent; seid Fielde, schreibt was ihr wollt!

Hector Berlioz.

Ist mir jemals ein Urtheil ungerecht vorgekommen, so ist es das summarische des Herrn Fétis in den Worten: Je vis, qu'il manquait d'idées mélodiques et harmoniques. Möchte er, wie er auch gethan, Berlioz Alles absprechen, als da ist: Phantasie, Erfindung, Originalität, — aber Melodieen- und Harmonieen-Reichthum? Es fällt mir gar nicht ein, gegen jene übrigens glänzend und geistreich geschriebene Recension zu polemisiren, da ich in ihr nicht etwa Persönlichkeit oder Ungerechtigkeit, sondern geradezu Blindheit, völligen Mangel eines Organs für diese Art von Musik erblicke. — —

So sehr Berlioz auch das Einzelne vernachlässigt und es dem Ganzen opfert, so versteht er sich auf das kunstreichere, fein gearbeitete Detail doch sehr gut. Er preßt aber seine Themas nicht bis auf den letzten Tropfen aus und verleidet Einem, wie Andere so oft, die Lust an einem guten Gedanken durch langweilige thematische Durchführung; er giebt mehr Fingerzeige, daß er strenger ausarbeiten könnte, wenn er wollte, und wo es gerade hinpaßt, — Skizzen in der geistreichen, kurzen Weise Beethoven's. Seine schönsten Gedanken sagt er meistens nur einmal und mehr wie im Vorübergehen. —

Berlioz'sche Musik muß gehört werden; selbst der Anblick der Partitur reicht nicht hin, wie man sich auch vergebens mühen würde, sie sich auf dem Klavier zu versinnlichen. —

Berlioz hat sich in jedem seiner Werke anders gezeigt, sich in jedem auf ein anderes Gebiet gewagt; man weiß nicht, ob man ihn ein Genie oder einen musikalischen Abenteurer nennen soll: wie ein Wetterstrahl leuchtet er, aber auch einen Schwefelgestank hinterläßt er; stellt große Sätze und Wahrheiten hin und fällt bald darauf in schülerhaftes Gelalle. Einem, der noch nicht über die ersten Anfänge musikalischer Bildung und Empfindung hinaus ist (und die Mehrzahl ist nicht darüber hinaus), muß er geradezu als ein Narr erscheinen, so namentlich den Musikern von Profession, die sich neun Zehntel ihres Lebens im Gewöhnlichsten bewegen, doppelt ihnen, da er Dinge zumuthet, wie Niemand vor ihm. — Er ist ein wüthender Bacchant, der Schrecken der Philister, ihnen ein zottiges Ungeheuer geltend mit gefräßigen Augen. — Darum das Sträuben gegen seine Kompositionen, darum vergehen Jahre, ehe sich eine bis zur Klarheit einer vollkommenen Aufführung durchschlägt.

Schaden könnte seine Musik nur einem schwachen Talent, das durch bessere auch nicht vorwärts gebracht wird.

N. Burgmüller.

Nach Franz Schubert's frühzeitigem Tod konnte keiner schmerzlicher treffen, als der Burgmüller's. Anstatt daß das Schicksal einmal in jenen Mittelmäßigkeiten decimiren sollte, wie sie sich schaarenweise herumlagern, nimmt es uns die besten Feldherrentalente selbst weg. Franz Schubert sah sich zwar noch bei seinen Lebzeiten gepriesen; Burgmüller aber genoß kaum die Anfänge einer öffentlichen Anerkennung und war nur einem kleinen Kreise bekannt, und diesem vielleicht noch mehr als ein kurioser Mensch wie als Musiker. —

Sein Talent hat solche leuchtende Vorzüge, daß über dessen Dasein nur einem Blinden Zweifel aufkommen könnte; selbst die Masse, glaub' ich, würde er später zur Anerkennung gezwungen, der Reichthum seiner Melodieen müßte sie gepackt haben, wenn sie auch die wahrhaft künstlerische Bedeutung der Theile nicht zu würdigen verstanden. —

Der Verleger, der noch mehrere Kompositionen von Burgmüller im Besitz hat, möge rasch an ihrer Veröffentlichung arbeiten lassen; er wird es nicht zu bereuen haben. Verleger scheinen mir auch oft wie Fischer; unwissend, was Glück und Zufall bringen, werfen sie ihre Netze aus, und es fängt sich allerhand großes und kleines Gesindel, bis denn einmal das schwere Gewicht einen seltenen Gast verheißt und der Fischer hocherfreut einen kostbaren Schatz aus der Tiefe zieht. Ein solcher glücklicher Zug war Burgmüller.

F. Chopin.

Er ist und bleibt der kühnste und stolzeste Dichtergeist der Zeit. —

Durch ihn hat Polen Sitz und Stimme erhalten im großen, musikalischen Völkerbund; politisch vernichtet, wird es vielleicht noch lange in unserer Kunst fortblühen. —

Liszt sagte einmal: Rossini und Konsorten schlössen immer mit einem »votre très humble serviteur« — anders aber Chopin, dessen Schlüsse eher das Gegentheil ausdrücken. —

Bei ihm ist die Schwierigkeit nur Mittel, und wo er die schwierigsten gebraucht, da ist auch die Wirkung danach. —

Wie Hummel den Stil Mozart's den Einzelnen, dem Virtuosen zum Genuß im besonderen Instrumente verarbeitete, so führte Chopin Beethoven'schen Geist in den Koncertsaal. Er trat nicht mit einer Orchesterarmee auf, wie Großgenies thun; er besitzt nur eine kleine Kohorte, aber sie gehört ihm ganz eigen bis auf den letzten Helden. —

Wüßte der gewaltige, selbstherrschende Monarch im Norden, wie in Chopin's Werken, in den einfachen Weisen seiner Mazurkas, ihm ein gefährlicher Feind droht, er würde die Musik verbieten. Chopin's Werke sind unter Blumen eingesenkte Kanonen. Wohin seine Bahn geht und führt, wie lange, wie glänzend noch, wer weiß es? So oft er sich aber zeigt, ist's dasselbe, tiefdunkle Glühen, derselbe Kern des Lichts, dieselbe Schärfe, daß ihn hätte ein Kind herausfinden müssen.

Mendelssohn.

Er gilt uns schon seit lange als die gebildetste Kunstnatur unserer Tage, in allen Gattungen, im Kirchenstil wie im Koncertstil, im Chor wie im Lied gleich eigenthümlich und meisterhaft wirkend. —

Auch ihm spielt ein Lächeln um den Mund, aber es ist das der Freude an seiner Kunst, des ruhigen Selbstgenügens im engen Kreise; ein wohlthuender Anblick, dieser innere Wohlstand, dieser Frieden, diese Seelengrazie überall! — — Vermöcht' ich doch, ohne kleinlich gescholten zu werden, den Unterschied zwischen Jetzt und Früher in seinen Werken mit Worten anzugeben. Es scheint mir jetzt Alles noch mehr Musik werden zu wollen, Alles noch verfeinerter, verklärter, — wenn man es nicht falsch deuten wolle, Mozartischer. — —

Obschon weniger als Andere vom Sturm der letzten Jahre gepackt, bleibt doch auch Er immer ein Sohn der Zeit, hat auch ringen müssen, hat es auch oft anhören müssen, das Geschwätz einiger bornirter Schriftsteller: „die eigentliche Blüthenzeit der Musik sei hinter uns", und hat sich emporgerungen, daß wir es wohl sagen dürfen: Er ist der Mozart des 19. Jahrhunderts, der hellste Musiker, der die Widersprüche der Zeit am klarsten durchschaut und zuerst versöhnt. Und er wird auch nicht der letzte Künstler sein. Nach Mozart kam ein Beethoven; dem neuen Mozart wird ein neuer Beethoven folgen, ja, er ist vielleicht schon geboren.

III.

Den Lehrern.

in rechter Meister zieht keine Schüler sondern eben wiederum Meister.

Zum Besten der Kunst hat die neuere Virtuosität nur wenig beigetragen.

Wer in der Litteratur nicht das Bedeutendste der neuen Erscheinungen kennt, gilt für ungebildet. In der Musik sollten wir auch so weit sein.

Grund zum Verfall der Musik sind schlechte Theater und schlechte Lehrer. Unglaublich ist, wie durch Anleitung und Fortbildung die Letzteren auf lange Zeit, ja auf ganze Generationen segensreich oder verderblich wirken können.

Methode, Schulmanier bringen wohl rascher vorwärts, aber einseitig, kleinlich. Ach, wie versündigt ihr euch, Lehrer! Mit eurem Logierwesen zieht ihr die Knospen gewaltsam aus der Scheide. Wie Falkeniere rupft ihr euren Schülern die Federn aus, damit sie nicht zu hoch fliegen — Wegweiser solltet ihr sein, die ihr die Straße wohl anzeigen, aber nicht überall selbst mitlaufen sollt!

Studien sind Studien, d. h. man soll Etwas aus ihnen lernen, was man nicht gekonnt hat.

Im weitesten Sinne ist jedes Musikstück eine Etüde und das leichteste oft die schwerste.

Auch die Etüde soll höheren Zwecken dienen als bloß mechanischen. Dies wußte schon Cramer, und wie haben sich die Zeiten und Menschen seitdem noch geändert.

Es ist zu bedauern, daß die meisten Klavierspielenden, selbst Gebildete darunter, nicht über Das hinaussehen und urtheilen können, was sie nicht mit ihren eigenen Fingern bewältigen können.

Was die Finger schaffen, ist Machwerk; was aber innen erklungen, Das spricht zu Allen wieder und belebt den gebrechlichen Leib.

Oft hab' ich es erfahren müssen, daß unter den Musikern von Handwerk die größte Bornirtheit anzutreffen; andererseits fehlt ihnen eine gewisse Tüchtigkeit nicht leicht.

Der Bildungsgang eines Künstlers läßt sich wohl hinterher erklären, vorher aber schwer lenken und vorausbestimmen.

Gebt Beethoven den Jüngeren nicht zu früh in die Hände, tränkt und stärkt sie mit dem frischen lebensreichen Mozart. Es giebt wohl Naturen, die dem gewöhnlichen Gang der Entwickelung entgegen zu streben scheinen, aber es giebt auch Naturgesetze, nach denen die umgestürzte Fackel, die früher erleuchtet hatte, nunmehr ihren Träger verzehrt.

Allerdings müssen Finger und Hände von Kindheit an locker, lose und schnell gemacht werden; je leichter die Hand, je vollendeter die Darstellung.

Nach drei Dingen sehe ich als Pädagog besonders, gleichsam nach Blüthe, Wurzel und Frucht, oder nach dem poetischen, dem harmonisch-melodischen und dem mechanischen Gehalt, oder auch nach dem Gewinn für das Herz, für das Ohr und für die Hand.

Gewisse Handfertigkeiten sollen gar so früh als möglich zur Virtuosität ausgebildet werden. Aber Das, wodurch manche jugendliche Künstler sich diesen Namen vorzugsweise erwerben, bekämpfen wir als durchaus falsch — das öffentliche Phantasiren in jüngeren Jahren. Wer wird die aufgesprungene Knospe wieder zusammenzufalten versuchen! Es wäre unnütz. Eine früh erwachte Neigung gewaltsam zurückzudrängen scheint so unnatürlich, als es naturgemäß sein kann, daß sich ein besonderer Sinn beim Einen früher zeitigt und entwickelt als beim Andern. Nur sollte man die seltenere Jännerblume, ehe man sie der weiten kalten Welt zur Schau bringt, im stillen Verschluß pflegen und liebhalten.

Das Wort „spielen" ist sehr schön, da das Spielen eines Instrumentes Eines mit ihm sein muß. Wer nicht mit dem Instrument spielt, spielt es nicht.

Vor Allem thut es Noth, der jungen anwachsenden Zeit Etwas an die Hand zu geben, was sie vor dem schlimmen Einfluß bewahrte, den gewisse niedrig virtuosische Werke auf jene ausgeübt. Je allgemeiner der Kunstsinn, je besser. Für jede Stufe der Bildung sollen Werke da sein. Beethoven hat sicher nicht gewollt, daß man ihn immer meint, wenn von Musik die Rede ist, er hätte Das sogar verworfen. Darum für Alle das Rechte und Echte.

Wie wir überzeugt sind, daß, wer Herz'sche Bravourstücke besiegen, eine Sonate von Beethoven, wenn er sie sonst versteht, um Vieles leichter und freier spielen kann, als es ohne jene Fertigkeit sein würde, so wollen wir guten Muthes unseren Schülern zur rechten Zeit, obwohl selten Echt-Herz'sches zu studiren geben und, wenn ein ganzes Publikum bei den herrlichen Sprüngen und Trillern „süperb" ruft, mitausrufen: „Dies Alles hat sein Gutes auch für uns Beethovener!"

Wie wenig wird mit reinem Sinn verschenkt.

Das Beschneiden der Flügel macht Philister; man muß den unsicheren Flug zu lenken verstehen.

IV.

Publikum und Dilettantismus.

Die Masse will Massen.

Die Kränze, die das Publikum flicht, zerrupft es selber wieder, sie in andrer Weise einem Anderen darzubringen, der sich auf besseres Amüsement versteht.

Was ist aller Beifall des Mobehaufens gegen den stilleren des echten Künstlers. Das Publikum ist nie zu sättigen, während das fleißig gearbeitete, schön gelungene Kunstwerk Jahrzehnte lang nachhält.

Willst du den Menschen kennen lernen, so frage ihn, welche seine Freunde sind, d. i. willst du über's Publikum urtheilen, so sieh zu, was es beklatscht — nein, was es im Ganzen für eine Physiognomie annimmt nach dem Gehörten.

Das Publikum, wie der Einzelne haben ihre hellen und dunklen Stunden.

Die deutschen Komponisten scheitern meistens an der Absicht, dem Publikum gefallen zu wollen. Gebe aber nur einmal Einer etwas Eigenes, Einfaches, Tiefinnerliches ganz aus sich heraus, und er soll sehen, ob er nicht mehr erlangt. Wer dem Publikum immer mit ausgebreiteten Armen entgegenkommt. Den gewöhnt es sich endlich über die Achsel anzusehen.

Dem Publikum muß manchmal imponirt werden, es stellt sich im Augenblick gleich, sobald man es ihm zu bequem macht; wirft ihm aber der Komponist zu Zeiten einen Stein hin, oder gar an den Kopf, dann ducken Alle gleichzeitig nieder und fürchten sich und loben bedeutend nach dem Schluß.

„Es hat gefallen" oder „es hat nicht gefallen", sagen die Leute. Als ob es nichts Höheres gäbe, als den Leuten zu gefallen.

Selbstvertrauen und Muth sind besondere Künste in der Kunst. In seinen vier Wänden soll der Künstler bescheiden gegen sich sein, fleißig auf das gewissenhafteste; dem Publikum gegenüber zeige er aber Muth, selbst ein wenig fröhliche Keckheit, und der Liebling ist fertig.

Was man unter vier Augen auf das trefflichste kann, kann man unter Tausenden noch nicht zur Hälfte so gut.

Es ist das Zeichen des Ungewöhnlichen, daß es nicht alle Tage gefaßt wird; zum Oberflächlichen ist der größere Theil stets aufgelegt, z. B. zum Hören von Virtuosensachen.

Man spricht so oft von Verderbtheit des Publikums; wer hat es denn verdorben? Ihr, die Komponisten-Virtuosen. Ich wüßte kein Beispiel, daß ein Publikum bei einem Beethoven'schen Koncert je eingeschlafen wäre.

An manchen Musiktagen giebt es gar kein Publikum mehr, und es scheint nur die rauschende Schleppe, die jeder Bewegung der voranschreitenden Künstler-Körper und -Geister geschmeidig nachfolgt.

während an anderen es sich ihnen förmlich wie bepelzt und bepanzert gegenüber stellt und Nichts einläßt.

Hüte dich, den vom Kunstleben unzertrennlichen Dilettantismus im besseren Sinne zu gering anzuschlagen. Denn der Ausspruch „kein Künstler kein Kenner" muß so lang als Halbwahrheit hingestellt werden, als man nicht eine Periode nachweist, in der die Kunst ohne jede Wechselwirkung geblüht habe.

Worüber die Künstler tage-, monate-, jahrelang nachgedacht haben, Das wollen die Dilettanten im Husch weghaben.

Die Menschen sind unleidlich und ungebildet überdies, die gleich ihren Musikschemel umwenden, um Ähnlichkeiten und Reminiscenzen herauszusuchen.

Niemand, auch nicht der geübteste, gebildetste Musiker, darf sich nach bloßem Hören ein durch und durch treffendes Urtheil zutrauen.

Ein Neugieriger frug einmal Mendelssohn, was die Ouvertüre zur Melusine eigentlich bedeute? Mendelssohn antwortete rasch: „Hm — eine Mesalliance." —

Am Ende hört ihr noch in Haydn's Schöpfung das Gras wachsen.

Es ist albern zu sagen: Beethoven begreife man in der letzten Periode nicht. Warum? Ist's harmonisch so schwer? ist's im Bau so wunderlich? sind die Gedanken zu kontrastirend? Nun, Etwas muß es immer sein; denn in der Musik ist überhaupt ein Unsinn gar nicht möglich; der Wahnsinnige selbst kann die harmonischen Gesetze nicht unterdrücken. Fader kann er wohl sein.

Es war eine Zeit, wo das Wort „brillant" in Schwung kam und sich Legionen von Mädchen in Czerny verliebt hatten.

Was kümmert sich die Welt um ein Dichterstübchen, wenn es nicht gerade auf der offenen Fronte eines Palastes gelegen.

An die Freuden, die euch der Künstler bereitet, hat er sein Leben gesetzt, von den Mühen, die ihm seine Kunst gekostet, erfahrt ihr Nichts: er giebt euch das Beste was er hat, die Blüthe seines Lebens, das Vollendete; und wir wollten ihm dann nicht einmal einen einfachen Blumenkranz gönnen?

Man denke nur, welche Umstände sich vereinigen müssen, wenn das Schöne in seiner ganzen Würde und Herrlichkeit antreten soll! Wir fordern dazu einmal tiefe Intention, Idealität eines Kunstwerkes, dann: Enthusiasmus der Darstellung, 3. Virtuosität der Leistung, harmonisches Zusammenwirken wie aus einer Seele, 4. inneres Verlangen und Bedürfnis des Gebenden und Empfangenden, momentan günstigste Stimmung von beiden Seiten, des Zuhörers und des Künstlers, 5. glücklichste Konstellation der Zeitverhältnisse, sowie des specielleren Moments der räumlichen und anderen Nebenumstände, 6. Leitung und Mittheilung des Eindrucks, der Gefühle, Ansichten — Wiederspiegelung der Kunstfreude im Auge des Anderen. — Ist ein solches Zusammentreffen nicht ein Wurf mit sechs Würfeln von sechsmal Sechs?

V.

Kritik.

Einer anderen Kritik wird das Beweisen so schwer, als der musikalischen. Die Wissenschaft schlägt mit Mathematik und Logik, der Dichtkunst gehört das entschiedene goldene Wort, andere Künste haben sich die Natur, von der sie die Formen geliehen, zur Schiedsrichterin gestellt, — aber die Musik ist die Waise, deren Vater und Mutter Keiner nennen kann. Und vielleicht ist es, daß gerade in dem Geheimnisvollen ihres Ursprungs der Reiz ihrer Schönheit liegt.

Wie es eine Schule der Höflichkeit von Rumohr giebt, so wundert es mich, daß noch Niemand auf eine Schule der Polemik gefallen, die bei Weitem phantasiereicher.

Die musikalische Polemik bietet ein noch ungeheures Feld; es kömmt daher, weil die wenigsten Musiker gut schreiben und die meisten Schriftsteller keine wirklichen Musiker sind, keiner von Beiden die Sache recht anzupacken weiß; daher auch musikalische Kämpfe meistens mit gemeinschaftlichem Rückzug oder einer Umarmung endigen.

Es könnte, die Philister zu züchtigen, einmal ein Hamann mit einem Lessing unter dem Arm kommen und die Zeit nicht mehr fern sein.

Je sonderbarer und kunstreicher ein Werk aussieht, je vorsichtiger sollte man urtheilen.

Ist Genius da, so verschlägt's ja wenig, in welcher Art er erscheint, ob in der Tiefe, wie bei Bach, ob in der Höhe, wie bei Mozart, oder ob in der Tiefe und Höhe vereint, wie bei Beethoven.

Hält uns ein Komponist von seiner Musik ein Programm entgegen, so sag' ich: „Vor Allem laß mich hören, daß du schöne Musik gemacht, hinterher soll mir auch dein Programm angenehm sein."

Gegen Talente soll man nicht höflich sein. Vor Herz oder Czerny ziehe ich den Hut — höchstens mit der Bitte mich nicht ferner zu inkommodiren.

Zwerge aus der Welt zu schaffen, braucht es keiner apostolischen Blitze, wie sie Paulus wirft; sie verkriechen sich ohnehin, faßt sie der Rechte irgend ernsthaft in's Auge.

Wer das Schlimme einer Sache sich nicht anzugreifen getraut, vertheidigt das Gute nur halb.

Der Mensch muß wohl Nasen verdienen, sonst hätte ihm Gott keine gegeben.

Eine tadelnde Stimme hat die Stärke des Klanges von mehr als zehn lobenden.

Ein Klavierauszug, so sorgfältig er auch ausgearbeitet ist, bleibt immer ein dürftiger Nothbehelf, der dem Komponisten sein vollständiges Recht nie giebt und geben kann.

Wer kann denn Gesetze stellen, daß man gerade so weit gehen dürfe und nicht weiter! Soll man eine schöne Idee verdammen, weil sie noch nicht ganz schön ausgedrückt und ausgeführt ist?

Die verschiedenen Zeitalter hören auch verschieden. In den besten Kirchenwerken der alten Italiener findet man Quintenfortschreitungen, sie müssen ihnen also nicht schlecht geklungen haben. Bei Bach und Händel kommen ebenfalls welche vor, doch in gebrochener Weise und selten; die große Kunst der Stimmenverflechtung mied alle Parallelgänge. In der mozartischen Periode verschwinden sie gänzlich. Nun trabten die großen Theoretiker hinterher und verboten bei Todesstrafe, bis wieder Beethoven auftrat und die schönsten Quinten einfließen ließ, namentlich in chromatischer Folge. Nun soll natürlich ein so chromatischer Quintengang, wird er etwa zwanzig Takte lang fortgesetzt, nicht als etwas Treffliches, sondern als etwas äußerst Schlechtes ausgezeichnet werden, gleichfalls soll man Dergleichen aber auch nicht aus dem Ganzen herausheben, sondern in Bezug zum Vorhergehenden, im Zusammenhang hören.

Sich über Italienisches zu ärgern ist längst aus der Mode, und überhaupt warum in Blumenduft, der herfliegt und fortfliegt, mit Keulen einschlagen?

Auch das Kopiren verlangt Übung und Fertigkeit.

— — — Ein so deutsches Werk läßt sich nicht gleich von allen Seiten besehen, und was z. B. am Straßburger Münster von Weitem als Zierat, Ausfüllung erscheint, stellt sich in der Nähe als in inniger Beziehung zum Ganzen stehend heraus. Doch hat es auch sein Gutes, überläßt man der Phantasie den ersten Eindruck eines Werkes, etwa wie im Mondschein die Massen zaubrischer wirken, als im Sonnenlicht, das bis in die Arabesken bringt.

Echt Gemeines schätz' ich um Vieles höher, als rosenfarbene Armuth, viel höher ein einfaches „Adieu" als ein parfümirtes „und so scheid' ich von dir mit zerrissenem Herzen" u. s. w.

Es ist schlimm, daß man seinen Recensionen nicht jedesmal die Komposition mit einem Virtuosen, der sie uns gleich höchst vollendet spielte oder was das Beste wäre, ein Exemplar des ganzen Komponisten anhängen kann; dann wäre Manchem vorgebeugt.

Man sollte eine besondere Redaktion für Manuskripte honoriren, die im Voraus Tod und Verderben jungen, talentvollen Komponisten schwören, wenn sie offenbar Verbotenes mit ihren besten Gaben in die Welt einzuschwärzen trachteten.

Im Kammerstil, in den vier Wänden, mit wenigen Instrumenten, zeigt sich der Musiker am ersten.

Je älter ich werde, je mehr sehe ich, wie das Klavier, namentlich in drei Dingen, wesentlich und eigenthümlich sich ausspricht, — durch Stimmenfülle und Harmoniewechsel (wie bei Beethoven, Franz Schubert), durch Pedalgebrauch (wie bei Field) oder durch Volubilität (wie bei Czerny, Herz). In der ersten Klasse trifft man die en gros-Spieler, in der anderen die Phantastischen, in der dritten die Perlenden. Vielseitig gebildete Komponisten-Virtuosen, wie Hummel, Moscheles und zuletzt Chopin, wenden alle drei Mittel vereint an und werden daher von den Spielern am meisten geliebt; alle aber, denen Keines von ihnen eigenthümlich, die Keines von ihnen besonders studirt, sind zurückgesetzt worden.

Wer bis zur Eigenthümlichkeit durchgebrochen, wird sie nie wieder verleugnen können, wenn er nicht geradezu jahrelang feiert.

Die Welt liebt Autoritäten (zum Schaden Beider) aber auch Wahrheit (zum Besten Aller). Nun könnte es Dieser einmal einfallen, Jenen auf den Zahn zu fühlen, und dann würden leicht wunderbare Dinge zum Vorschein kommen.

Tonstücktitel. »Bouquet musical« von Heinrich Dorn: Ein Geschenk von zwei bis drei Blumen sagt mehr als ein ganzer

Tragkorb. Deßhalb möchte ich das »Bouquet« weg. Warum so deutsche Blumen in französische, parfümirte Töpfe setzen? Ein Titel wie „Narcisse, Veilchen und Hyacinthe — drei musikalische Gedichte" klingt auch, und gut. — Wie wenig durch Einführung deutscher Titelblätter in der Sache gewonnen wird, weiß ich wohl — wäre es aber auch nur so viel, als Napoleon durch das Verbot des „Stael'schen Deutschlands" erreichte, das lautete: es sei das Buch nicht französisch.

Ich glaube, die Meister müssen jenseits manchmal lächeln, wenn von ihren Werken einige mit allen den Fehlern hinüberklingen, wie sie Zeit und Gewohnheit, wohl auch ängstliche Pietät hat stehen lassen.

Dem Demant verzeiht man seine Spitzen; es ist sehr kostbar, sie abzurunden.

Das Glück eines Koncertstücks hängt an halben Minuten; eine zu viel und irgend Jemand fängt an zu husten, und weg ist der Enthusiasmus.

Das öffentliche Auswendigspielen. Nennt es nun ein Wagstück oder Charlatanerie, so wird Das doch immer von großer Kraft des musikalischen Geistes zeugen. Wozu auch diesen Souffleurkasten? Warum den Fußblock an die Sohle, wenn Flügel am Haupt sind? Wißt ihr nicht, daß ein noch so frei angeschlagener Accord von Noten gespielt, noch nicht ein halb Mal so frei klingt als Einer aus der Phantasie? —

Nur ein sehr fester, ja harter Charakter würde den Einfluß einer abstoßenden oder anziehenden Persönlichkeit auf das Urtheil über deren Kunstleistungen gänzlich verleugnen können. In dem Grade daher, wie manche Werke zu verlieren scheinen, wenn wir ihre Schöpfer von Angesicht zu Angesicht sehen, gewinnen andere eben durch Bekanntsein mit dem Urheber.

Das ist das Unglück, wenn musikalische Kleinstadtbewohner sich auf einmal modisch pariserisch bewegen wollen, ein Unglück, das leider bei uns in Deutschland mehr als irgendwo zu Hause ist.

Auch der Genuß des Schönen will sein Maß, wie ich mich denn leichter entschließen möchte, eine Strauß-Lanner'sche Ballmusik-Nacht zu durchleben, als eine, wo Nichts als Beethoven'sche Symphonieen aufgeführt würden, wo uns die Töne zuletzt wundsaugen müßten.

Es kann Einem nichts Schlimmeres passiren, als von einem Halunken gelobt zu werden.

Die halten wir für die höchste Kritik, die durch sich selbst einen Eindruck hinterläßt, dem gleich, den das anregende Original hervorbringt. In diesem Sinne könnte Jean Paul zum Verständnis einer Beethoven'schen Symphonie oder Phantasie durch ein poetisches Gegenstück möglich mehr beitragen (selbst ohne nur von der Phantasie oder Symphonie zu reden) als ein Dutzend Kunstrichtler, die Leitern an den Koloß legen und ihn gut nach Ellen messen.

VI.

Den Kritikern.

Vor Häßlichem, Obscönem läßt sich warnen; Nichts aber was mittelmäßiger machte, als mittelmäßiges Sprechen darüber. Kein Künstler aber braucht eines blühenden Spiegels seiner Kunst mehr als der Musiker, dessen Leben oft in so dunkle Umrisse ausläuft, und keine Kunst sollte man auf zarterer Folie angreifen, als die zarteste, anstatt sie sich mit ungeschlachter Fleischerhand zum Verspeisen zu verarbeiten.

Die Musik reizt Nachtigallen zum Liebesruf, Möpse zum Kläffen.

Roth heißt die Jugendfarbe — Stier und Truthahn werden sehr wüthend und aufgeblasen bei solchem Anblicke.

Auch im Verfehlten läßt sich oft ein Talent erkennen.

Die Antichromatiker sollten bedenken, daß es eine Zeit gab, wo die Septime eben so auffiel, wie jetzt etwa eine verminderte Octave, und daß durch Ausbildung des Harmonischen die Leidenschaft freiere Schattirungen erhielt, wodurch die Musik in die Reihe der höchsten Kunstorgane gestellt wurde, die für alle Seelenzustände Schrift und Zeichen haben.

Eher sollte man überhaupt nicht urtheilen, ehe man nicht ein Stück in seiner vollkommensten Ausführung sich denken kann oder es so gehört hat.

Kritiker und Recensenten: Das bewaffnete Auge sieht Sterne, wo das unbewaffnete nur Nebelschatten.

Recensenten: Wie Athenienser kündigen sie den Krieg durch Schafe an. Sie zersägen das Werkholz, die stolze Eiche zu Sägespänen.

Kritiker wollen immer gern wissen, was ihnen die Komponisten selbst nicht sagen können, und Kritiker verstehen oft kaum den zehnten Theil von Dem, was sie besprechen. Himmel, wann endlich wird die Zeit kommen, wo man uns nicht mehr fragt, was wir gewollt, mit unseren göttlichen Kompositionen; sucht die Quinten und laßt uns in Ruhe.

Der eigentliche Lebenspunkt eines Werkes läßt sich nie mit Worten nachweisen; darum spiele und höre man selbst.

Einer Komposition auf den Grund zu kommen, entkleide man sie vorher allen Schmuckes. Dann erst zeigt sich, ob sie wirklich schön geformt, dann erst was Natur ist, was die Kunst dazu that. Und bleibt dann noch ein schöner Gesang übrig, trägt ihn auch eine gesunde, edle Harmonie, so hat der Komponist gewonnen und verdient unsern Beifall. Diese Forderung scheint so einfach, und wie selten wird ihr doch Genüge geleistet.

Verzeiht den Irrthümern der Jugend! Es giebt auch Irrlichter, die dem Wanderer den rechten Weg zeigen, den nämlich, den die Irrlichter nicht gehen.

Verweigert dem Geist nicht, was ihr dem Verstand nachseht.

Guter Wille, sollte er auch nicht durch Talentkraft unterstützt sein, schadet der Kunst seltener als talentvolle Anmaßung. Der Biene vergiebt man den Stachel des Honigrüssels halber, der Wespe jenen nicht, weil ihr dieser fehlt. Nun fliegt noch eine Mittelklasse herum ohne viel zu arbeiten, viel zu schaben. Man sollte diese, schwirren sie uns gerade nicht unbequem vor'm Auge, nicht gleich niederschlagen.

Einem geringeren Talente müssen wir Manches zum Lobe anrechnen, was wir bei einem vorgeschrittenen nur natürlich finden.

Auch Zaunkönige muß es geben.

Wir sind Alle sehr schlimm. Sitzen wir im Wagen, so beneiden wir den Fußgänger, der langsam genießen und vor jeder Blume so lange stehen bleiben kann, als er will. Gehen wir zu Fuß, so werden wir's recht herzlich satt und nähmen vorlieb mit dem Bock. Ich meine, gewisse Fehler des Einen würden wir dem Anderen für Tugenden anrechnen.

Eine Zeitschrift für „zukünftige Musik" fehlt noch. Als Redakteure wären freilich nur Männer, wie der ehemalige blind gewordene Kantor an der Thomasschule und der taube in Wien ruhende Kapellmeister passend.

Es giebt eben noch keine Weltkunst und eben daher keine Kritik, die nicht ihren Maßstab nach dem Standpunkte der Bildung, auf dem die verschiedenen Nationen stehen, und nach deren Charakter richtete.

Man kann ein Musikwerk unter vier Gesichtspunkten betrachten: nach der Form (des Ganzen, der einzelnen Theile, der Periode, der Phrase); nach der musikalischen Komposition (Harmonie, Melodie, Satz, Arbeit, Stil); nach der besonderen Idee, die der Künstler darstellen wollte, und nach dem Geiste, der über Stoff, Form und Idee waltet.

Die Art, wie Komponisten bezeichnen, klärt fast rascher über ihre ästhetische Bildung auf, als die Töne selbst.

Wehre sich Jeder seiner Haut. Ist Einer mein Feind, so brauch' ich aber deßhalb nicht seiner zu sein, sondern sein Äsop, der ihn zur Fabel, oder sein Juvenal, der ihn zu einer Satyre verwandelt.

Wir wissen alle wie Noth es thut, Deutschland gegen das Eindringen der Italiener zu schützen; indessen geschehe es mit Vorsicht und mehr durch Aufmunterung der vaterländischen Jugendgeister, als durch unnütze Vertheidigung gegen eine Macht, die wie eine Mode aufkömmt und vergeht.

Man hat älteren Künstlern den Rath gegeben, daß sie, hätten sie den Kulminationspunkt erreicht, anonym fortschaffen möchten, da man Das, was vielleicht jüngeren unbekannten Namen als Vorschritt gezählt würde, bei ihnen als Kunstnaturnachlaß ansähe. Wenn dadurch auch Das erreicht würde, daß, was durch den Klang des Namens eine Zeit lang als bedeutend gegolten hatte, nun nicht mehr zum Irrthum reizte, so würde es immer Zufall, ja Übermuth sein, wenn der Kritiker jene kulminirende Spitze zu treffen behauptete — (wie hätte er nach der siebenten Beethoven'schen Symphonie eine achte, nach der achten eine neunte erwarten dürfen) — der Künstler aber, strebt er sonst vorwärts und edel, würde dennoch stets das letzte, gerade vollendete Werk für diesen Kulminationspunkt halten.

Aufrichtiger Kritiker höchstes Bestreben: sich gänzlich überflüssig zu machen. Beste Art über Musik zu reden: die, zu schweigen.

VII.

Jungen Künstlern empfohlen.

m Angesicht der Kunst gilt es Konsequenz, Energie, Kraftausspruch durch große Arbeiten, unausgesetztes Streben nach Veredelung.

Der Künstler halte sich im Gleichgewicht mit dem Leben; sonst hat er einen schweren Stand.

Ohne Schüler gewesen zu sein ist noch Niemand ein Meister geworden, und ist der Meister ja selbst wieder nur ein höherer Lehrling, und der Beethoven'schen Sonate in B-Dur, der einzig-großen, gingen 31 andere Beethoven'sche voraus.

Erhebt euch nicht über Regeln, die ihr noch nicht gründlich verarbeitet habt. Es ist nichts Halsbrechenderes als Das, und selbst der Talentlosere könnte euch im zweiten Moment der Begegnung die Maske beschämend abziehen.

Die ruhige Psyche mit zusammengefalteten Flügeln hat nur halbe Schönheit; in die Lüfte muß sie sich schwingen!

Daß um die Kette der Regel immer der Silberfaden der Phantasie sich schlänge!

Das Häßliche sei wie der ewige Jude, dem sich nirgends ein gastliches Thor erschließt.

Manier mißfällt schon am Original, geschweige die nämliche am Kopirenden.

Der seichteste Kopf kann sich hinter eine Fuge verstecken. Fugen sind nur der großen Meister Sache.

Es ist ein Unterschied, ob Beethoven rein chromatische Tonleitern hinschreibt, oder Herz.

Etwas fortzubewegen darf man nicht darauf stehen.

Gluck's Ausspruch, Nichts zu schreiben, „was nicht Effekt mache", ist im rechten Sinne genommen, eine der goldensten Regeln, das wahre Geheimnis des Meisters.

Der Künstler soll alle Spuren verfolgen, die zur geheimen Arbeitswerkstatt des Meisters führen.

Das Genie kann der Schönheitsmittel entbehren, das Talent benutze sie aber alle.

So lange der Künstler von dem Werke, das er zum Druck giebt, nicht die Überzeugung hegt, daß er damit nicht bloß die Masse vermehre, sondern auch geistig bereichere, so lange warte und arbeite er noch.

Könnte man doch beim Bundestage bewirken, daß kein Verleger eher von jungen Komponisten druckte, ehe sie einen Band ordentlicher vierstimmiger Choräle vorgelegt!

An den Bässen erkennt man seine Leute.

Habe man nur ein rechtes Herz, Einiges gelernt und singe dann lustig wie der Vogel auf den Zweigen, und es wird Musik, die wahrste, herauskommen. Was hilft da alles Absichteln, Abquälen! Wem die Liebe fehlt, fehlt auch die Musik, und die Glocke muß in der Freie schweben, soll sie erklingen.

Jede Kunst verlangt ein Leben, und alles Überspringen der Schulstufen zeigt sich später einmal; daher in den meisten Dilettantenarbeiten Unklarheit der Form und Unreinheit in der Harmonie ꝛc. bei aller schönen Intention, wo dem gelernten Musiker ein vollkommenes Musikstück gelungen wäre.

Junge Künstler, hütet euch vor allen Gräfinnen und Baronessen, die Kompositionen bedicirt haben wollen; wer ein Künstler werden will, muß den Kavalier lassen.

Es braucht nicht Alles in der Welt gleich Furore zu machen und darf doch eines ehrenden Andenkens in der Kunstgeschichte gewiß sein.

Wer ein Meister werden will kann es nur bei Meistern.

Apollo pflog mit einem schönen Sterblichen Umgang. Wie dieser nun immer göttlicher werdend heranreifte, dem Jünglingsgotte ähnlicher wurde an Gestalt und Geist — da verräth er sein Geheimnis zu früh den Menschen. Der Gott aber, darüber erzürnt, erschien ihm nicht wieder, und der Jüngling, erschüttert vom Schmerz, sah nun unaufhörlich in das Auge der Sonne, des fernen Geliebten, bis er starb. — Zeige denn deine Göttergaben den Weltmenschen nicht eher, bis es dir die Himmlischen heißen, die sie dir verliehen und denen du werth geworden bist. Dem Künstler, dem schönen Sterblichen, verwandelt sich der griechische Gott zum Phantasus.

On ne peut pas être grand de matin jusqu'au soir — man soll die Kinder, die man lieb hat, züchtigen — in meinen vier Pfählen kann ich treiben, was mir gefällt, wer aber an die Sonne der Öffentlichkeit tritt, wird von ihr beschienen.

Es ist nicht genug, daß ich Etwas weiß, bekömmt nicht das Gelernte dadurch, daß es sich im Leben selbst anwendet, Halt und Sicherheit.

Als ein junger Musikstudirender in der Probe zu der achten Symphonie von Beethoven eifrig in der Partitur nachlas, meinte Eusebius: „Das muß ein guter Musiker sein." — „Mit nichten", sagte Florestan, „das ist der gute Musiker, der eine Musik ohne

Partitur versteht, und eine Partitur ohne Musik. Das Ohr muß des Auges und das Auge des (äußeren) Ohres nicht bedürfen." — "Eine hohe Forderung", schloß Meister Raro, "aber ich lobe dich darum, Florestan."

Der gebildete Musiker wird an einer Raphael'schen Madonna mit gleichem Nutzen studiren können, wie der Maler an einer Mozart'schen Symphonie. Noch mehr: dem Bildhauer wird jeder Schauspieler zur ruhigen Natur, Diesem die Werke Jenes zu lebendigen Gestalten; dem Maler wird das Gedicht zum Bild; der Musiker setzt die Gemälde in Töne um.

Darf sich das Talent die Freiheiten nehmen, die sich das Genie nimmt?
Ja; aber Jenes verunglückt, wo Dieses triumphirt.

Es ist ein Unterschied, ob ein Goethe nach aufgegebenen Endreimen einmal dichtet, oder ein Anderer.

Ein rasender Roland wird keinen dichten können; ein liebendes Herz sagt es am wenigsten.

So fein wühlt die Phantasie des Musikers, daß, einmal die Spur verloren oder von der Zeit zugeschüttet, sie später nur durch glücklichen Zufall in seltenem Augenblick wieder aufgefunden wird; darum wird auch ein unterbrochenes, bei Seite gelegtes Werk nur selten ein fertiges; lieber fange der Komponist ein neues an, entschlage sich der Stimmung ganz.

Junge Künstler, die immer Neues, womöglich Excentrisches wollen, schlagen flüchtige, schnell empfangene wie vollendete Werke ausgebildeter Meister meistens zu gering an, und irren in ihrer Meinung, daß sie es eben so machen können. Es bleibt immer noch der Unterschied zwischen Meister und Jünger. Jene eilig hingeworfenen Klaviersonaten Beethoven's, noch mehr Mozart's, beweisen in ihrer himmlischen Leichtigkeit in eben dem Grade die Meisterschaft, als ihre tieferen Offenbarungen; das fertige Meistertalent zeigt sich eben darin, daß es die sich im Beginn des Werkes gezogenen Linien nur lose umspielt, während das jüngere, ungebildete, wo es doch auch vom Boden der Gewöhnlichkeit ausgeht, die Saite immer höher anspannt und so oft verunglückt.

Was vor Allem vonnöthen scheint, daß man euch manchmal daran erinnere, junge und alte Komponisten? Natur, Natur, Natur!

Vieles vergebe ich einem Deutschen — Geschmacklosigkeit, Unordnung, seine Theorieen, sogar Faulheit, nie aber geflissentliches Nachäffen der feuchten italienischen Sentimentalität.

Ein junger Komponist, zu dem man sich erst durch 5 bis 6 Kreuze durcharbeiten muß, braucht noch einmal so viele Zeit zur öffentlichen Anerkennung. Die Hauptsache aber ist, er bewahre sich seine Natürlichkeit und schreibe dann, in welcher Tonart er wolle.

Wer viel Angst hat seine Originalität zu bewahren, ist allerdings im Begriff, sie zu verlieren.

Was man gelernt, was man weiß, kann uns Niemand nehmen; aber daß wir mit Freude, mit Glück arbeiten, dazu müssen die gütigen Götter ihren Beistand verleihen.

Begriffen es doch die jungen Komponisten immer zeitig genug, daß die Musik nicht der Finger wegen da ist, sondern umgekehrt, und daß man, um ein guter Virtuos zu werden, nie ein schlechter Musiker sein dürfe.

Wollt ihr wissen, was durch Fleiß, Vorliebe, vor Allem durch Genie aus einem einfachen Gedanken gemacht werden kann, so leset in Beethoven und sehet zu, wie er ihn in die Höhe zieht und adelt und wie sich das anfangs gemeine Wort in seinem Mund endlich wie zu einem hohen Weltenspruch gestaltet.

Ein Dichter zu heißen braucht's nicht dickleibiger Bände; durch ein, zwei Gedichte kannst du dir den Namen verdienen.

Die Redensart: „Ich hab's in den Ofen gesteckt", birgt im Grund eine unverschämte Bescheidenheit; eines schlechten Werkes wegen wird die Welt noch nicht unglücklich, und dann bleibt es auch immer nur bei der Redensart; man müßte sich ja wahrhaftig schämen. Kann die Menschen nicht leiden, die ihre Kompositionen in den Ofen stecken.

Vieles in der Welt läßt sich nachmachen, nur nicht das Romantische.

Wer sich immer in denselben Formen und Verhältnissen bewegt, wird zuletzt Manierist oder Philister; es ist dem Künstler Nichts schädlicher als langes Ausruhen in bequemer Form; in älteren Jahren nimmt die Schaffenskraft ohnehin ab, und dann ist's zu spät, und manches treffliche Talent gewahrt dann erst, daß es seine Aufgabe nur zur Hälfte gelöst.

Reisen sind unter allen Künstlern wohl dem Musiker am wenigsten ersprießlich zu seiner Kunst; dem Dichter schon mehr, dem Maler am meisten; — unsere großen Komponisten haben immer still an ein und derselben Stelle gehaust, so Bach, Haydn, Beethoven, obwohl ein Blick in die Alpen oder nach Sicilien hinüber auch Diesen nichts geschadet hätte.

Kontrapunktische Künsteleien. Beethoven sagt irgendwo, „daß man sich ehedem mit derlei Kalkulationen den Kopf zerbrochen habe, daß die Welt aber klüger geworden sei", und er hat in der Hauptsache Recht, wie immer. Indes versuche sich der Studirende auch in solchen Aufgaben, wenn sie auch nicht mehr Werth haben, als jene vor Jahrhunderten einmal gebräuchlichen Gedichte, die auf dem Papier irgend eine Figur, ein Kreuz, einen Altar u. dgl. darstellen mußten; man lernt aber dadurch sich in engen Schranken bewegen, mit kargen Mitteln auskommen müssen, und Dies kommt uns dann immer auf eine oder die andere Weise wieder zu Gute.

Künstler, wie manche Mütter, lieben oft die ihrer Kinder am meisten, die ihnen die meisten Schmerzen gemacht.

Wozu bei einem Rondo gleich eine Einleitung, wie zu einem Alcibor oder Nurmahal? Solche ästhetische Versehen vergebe man schwerer als schülerhafte Quinten. Wenn ich Jemandem etwas Verbindliches sagen will, so bereite ich ihn doch nicht mit einem Caraibengesicht darauf vor.

Das Gedicht soll dem Sänger wie eine Braut im Arme liegen, frei, glücklich und ganz.

Weßhalb nach mittelmäßigen Gedichten greifen, was sich immer an der Musik rächen muß? Einen Kranz von Musik um ein wahres Dichterhaupt schlingen, nichts Schöneres; aber ihn an ein Alltagsgesicht verschwenden, wozu die Mühe? —

Wer Shakespeare und Jean Paul versteht, wird anders komponiren, als der seine Weisheit allein aus Marpurg holt; wer im Strom eines reichbewegten Lebens anders, als wer den Kantor seines Ortes für das Ideal möglicher Meisterschaft hält, — und Dies bei übrigens gleichen Talenten, gleich ernsten Studien.

Nur Dem nutzt das Lob, der den Tadel zu schätzen versteht.

Der älteste Mensch war der jüngste, der zuletzt gekommene ist der älteste; wie kommen wir dazu, uns von vorigen Jahrhunderten Vorschriften geben zu lassen?

Es ist im Allgemeinen nicht anzunehmen, daß der Komponist seine Werke auch am schönsten und interessantesten darstellen müsse, namentlich die neuesten, zuletzt geschaffenen, die er noch nicht objektiv beherrscht. Der Mensch, dem die eigene physische Gestalt entgegen steht, erhält leichter im anderen Herzen die idealische.

Nur wenige der eigentlichsten genialen Werke sind populär geworden.

Man kann nicht Alles aus eigener Tiefe beschwören. Wie lange bildete die Zeit an der Fuge herum! Soll der Künstler erst Alles an sich selbst durchmachen und versuchen, und kommt er nicht schneller zum Ziel, wenn er das vorhandene Beste studirt, nachbildet, bis er sich Form und Geist unterthan gemacht hat?

Beethoven hat gar wohl die Gefahr gekannt, die er bei der Pastoralsymphonie lief. In den paar Worten, „mehr Ausdruck der Empfindung als Malerei", die er ihr voransetzte, liegt eine ganze Ästhetik für Komponisten, und es ist sehr lächerlich, wenn ihn Maler auf Porträts an einem Bach sitzen, den Kopf in die Hand drücken und das Plätschern belauschen lassen.

Von Welchen soll Heil und Segen in der Kunst zu erwarten sein, als von Denen, die außer dem edleren Streben auch die größere Kraft besitzen, Beides in Einklang zu bringen? Gerade die Besseren mögen mit ihren unbedeutenden Sachen zurückbleiben. Es kann mich erboßen, wenn ich so zusammengeschriebene »Souvenirs« von einem Meister, wie Moscheles, in die Hände bekomme, mit komponirenden Musikstatisten hinterdrein, die rufen: „Der hat's auch nicht besser gemacht."

Der Deutsche hat so große Vorbilder hoher Männlichkeit; an diese blicke der Jünger zuweilen hinauf, wie an Bach, der alle seine vor dem dreißigsten Jahre geschriebenen Werke als für nicht existirend erklärte, an Beethoven, der noch in seinen letzten Jahren einen „Christus am Ölberg" nicht verwinden konnte. Wird es euch, junge Künstler, da manchmal nicht bange, was nach etwa 50 Jahren ihr über eure Kompositionen beschließen werdet? Aber freilich, was Könige wegwerfen, Das verschlingen die Krämer noch gierig genug.

Erfolge in kleinen Genre's führen oft zur Einseitigkeit, zur Manier.

Wahr — zittert euch nicht euer kleines Herz, Komponisten, wenn ihr dieses Wort hört? Bettet euch immer weiter in eure schönen Gesangeslügen, ihr bringt's doch nicht höher, als von einigen anderen Judaslippen gesungen zu werden, vielleicht verführerisch genug. Aber, tritt dann wieder einmal ein wahrhaftiger Sänger unter euch, so flüchtet mit eurer erheuchelten Kunst, oder lernt Wahrheit, wenn es noch möglich ist.

Im Gebiete der mechanischen Kombinationen ist jetzt kaum mehr zu erreichen, als die Virtuosen der neuesten Zeit wirklich erreicht haben. Auf das Verschränken der Hände, ob es so oder so, auf die Accordmasse, ob sie etwas mehr oder weniger voll, darauf kommt jetzt nichts mehr an; wir haben darin in Henselt's, Liszt's, Thalberg's Arbeiten vollauf genug. Die Nachfolgenden müssen, wenn sie Bedeutung gewinnen wollen, den umgekehrten Weg einschlagen, den zur Einfachheit, zur schönen, ordnungsvollen Form, und daraus entwickelt sich dann auch das Komplicirtere. Der Weg liegt klar vorgezeichnet. Wer ihn nicht sieht, wird umsonst arbeiten.

Wer nicht auf der Höhe der Gegenwart steht wird sich meistens über die Wirkung seiner Leistung, oft auch über diese selbst, im Irrthum befinden.

Der Ruf ist jetzt nicht mehr so wohlfeil als sonst.

Wohl Dem, der seine Kräfte kennt, er wirkt im engen Kreise Dasselbe, was der Höherbegabte im weiten.

Zwei Dinge auf der Welt sind sehr schwer, einmal sich einen Ruhm zu gründen, sodann ihn sich zu erhalten. Gepriesen seien aber die Meister — von Beethoven bis zu Strauß, jeder in seiner Weise.

Der sich der Welt vorstellt soll weder zu jung noch zu alt sein, sondern blühend, nicht allein hier und da, sondern am ganzen Stamm.

Der wahre Künstler gedeiht nur in der Einsamkeit oder im Umgange mit Künstlern; Nichts entnervt mehr als der Beifall Mittelmäßiger.

Der Künstler sollte freundlich, wie ein griechischer Gott, mit den Menschen und dem Leben verkehren; nur wenn es ihn zu berühren wagte, möge er verschwinden und Nichts als Wolken zurücklassen.

Licht senden in die Tiefe des menschlichen Herzens — des Künstlers Beruf.